MAGASIN THÉATRAL

PIÈCES NOUVELLES

JOUÉES SUR TOUS LES THÉATRES DE PARIS.

THÉATRE DES FOLIES-DRAMATIQUES.

CRAVATE ET JABOT,

Comédie-Vaudeville en un acte, par MM. V. DE SAINT-HILAIRE et P. DUPORT.

PARIS.

ADMINISTRATION DE LIBRAIRIE THÉATRALE,
Boulevard Saint-Martin, 12.
ANCIENNE MAISON MARCHANT,
1850

MAGASIN THEATRAL

Pièces à 50 Centimes.

L'ALCHIMISTE, drame 5 actes, par Alex. Dumas.
ANGO, drame en 5 actes, par F. Pyat.
L'APPRENTI, ou l'Art de faire une Maîtresse, vaudeville en 1 acte.
ATAR-GULL, drame en 5 actes.
LES AVOUÉS EN VACANCES, com.-vaud. en 2 a.
L'AUBERGE DE LA MADONE, drame en 5 actes.
L'AUMONIER DU RÉGIMENT, vaudeville 1 acte.
LA BERLINE DE L'ÉMIGRÉ, drame en 5 actes.
LES BRIGANDS DE LA LOIRE, drame en 5 actes.
LA BICHE AU BOIS, féerie.
BRELAN DE TROUPIERS (le).
LE CABARET DE LUSTUCRU, vaudeville 1 acte.
CHEVAL DE BRONZE, opéra-comique de Scribe.
LES CHAUFFEURS, drame en 5 actes.
LE CHATEAU DE VERNEUIL, drame en 5 actes.
LE CHATEAU DE SAINT-GERMAIN, drame 5 actes.
LE CHEF-D'OEUVRE INCONNU, drame en un acte.
LES CHIENS DU MONT SAINT-BERNARD.
CROMWELL ET CHARLES Ier, drame en 5 actes.
CALIGULA, tragédie en 5 actes, par Alex. Dumas.
CALOMNIE (la), com. en 5 actes, par Scribe.
CHAMBRE ARDENTE (la), 5 a. Bayard, Mélesville.
CHRISTINE A FONTAINEBLEAU, drame, par Frédéric Soulié.
LE CANAL SAINT-MARTIN, drame en 5 actes.
CHEVAUX DU CARROUSEL, drame en 5 actes.
CHEVALIER DE St-GEORGES (le), c.-v., 3 actes.
CHEVALIER DU GUET (le), comédie en 3 actes.
CHRISTOPHE LE SUÉDOIS, drame en 5 actes.
LE COMMIS ET LA GRISETTE, vaud. 1 acte.
LES COMPAGNONS ou la Mansarde de la Cité, drame en 5 actes.
DEUX SERRURIERS (les), dr. 5 actes, F. Pyat.
LES DEMOISELLES DE SAINT-CYR, drame en 5 actes, par Alex. Dumas.
LES DEUX DIVORCES, vaudeville en un acte.
LA DEMOISELLE MAJEURE, vaudeville en 1 acte.
LA DOT DE SUZETTE, drame en 5 actes.
LE DOIGT DE DIEU, drame en un acte.
DON JUAN DE MARANA, par Alexandre Dumas.
DIANE DE CHIVRY, drame, par Frédéric Soulié.
LA DUCHESSE DE LA VAUBALIÈRE, drame 5 actes.
L'ÉLÈVE DE SAINT-CYR, drame en 5 actes.
EN PÉNITENCE.
L'ÉCLAT DE RIRE, drame en 3 actes.
LES ENFANTS D'ÉDOUARD, par Casimir Delavigne.
LES ENFANTS DE TROUPE, vaudeville en 2 actes.
LES ENFANTS DU DÉLIRE, vaudev. en 1 acte.
ESTELLE, comédie, par Scribe.
ÊTRE AIMÉ OU MOURIR, idem.
EULALIE GRANGER, drame en 5 actes.
EN SIBÉRIE, drame en 3 actes.
LA FAMILLE MORONVAL, drame en 5 actes.
LA FAMILLE DU FUMISTE, vaudeville en 2 actes.
LA FILLE DE L'AVARE, comédie-vaud. 2 actes.
LA FILLE DE L'AIR, féerie en 5 actes 14 tabl.
LES FILETS DE SAINT-CLOUD, drame en 5 act.

FRANÇOIS JAFFIER, drame en 5 actes.
FRÉTILLON, comédie-vaudeville en 3 actes.
LA FIOLE DE CAGLIOSTRO, vaudeville en 1 acte.
FORTE-SPADA, drame en 5 actes.
FABIO LE NOVICE, drame en 5 actes.
LE FILS DE LA FOLLE, drame en 5 actes, par Frédéric Soulié.
LA FILLE DU RÉGENT, com. 5 actes, A. Dumas.
GASPARD HAUSER, drame en 5 actes.
LE GARS, drame en 5 actes.
LA GAZETTE DES TRIBUNAUX, vaud. 1 acte.
GENEVIÈVE DE BRABANT, mélodrame 4 actes.
LES GARÇONS DE RECETTE, drame en 5 actes.
LA GRAND'-MÈRE ou 3 amours, 3 actes, Scribe.
HALIFAX, comédie 3 actes, par Alex. Dumas.
L'HONNEUR DANS LE CRIME, drame en 5 actes.
L'HONNEUR DE MA MÈRE, drame en 3 actes.
INDIANA ET CHARLEMAGNE, vaudeville en 1 acte.
INDIANA, drame en 5 actes.
LES IMPRESSIONS DE VOYAGE, vaud. 2 actes.
JAPHET à la recherche d'un père, Scribe.
JACQUES LE CORSAIRE, drame en 5 actes.
JACQUES COEUR, drame en 5 actes.
JEANNE DE FLANDRE, drame en 5 actes.
JEANNE DE NAPLES,   idem.
JEANNE HACHETTE, drame en 5 actes.
JE SERAI COMÉDIEN, comédie en un acte.
LESTOCQ, opéra comique en 3 actes, par Scribe.
LA LECTRICE, comédie-vaudeville en 2 actes.
LÉON, drame en 5 actes.
LUCIO, drame en 5 actes.
LOUISETTE ou la chanteuse des rues, c.-v., 2 a.
LOUISE BERNARD, dr. en 5 a., par Alex. Dumas.
LE LAIRD DE DUMBIKI, par Alex. Dumas.
LORENZINO, drame, par Alex. Dumas.
LA LESCOMBAT, drame en 5 actes.
MARINO FALIERO, tragédie en 5 actes, par Casimir Delavigne.
MARIE, comédie en 5 actes, par Mme Ancelot.
LE MARI DE LA VEUVE, comédie en un acte, par Alex. Dumas.
MARGUERITE D'YORK, drame en 5 actes.
MARGUERITE DE QUÉLUS, idem.
MARGUERITE, vaud. en 3 actes, par Mme Ancelot.
MATHIAS L'INVALIDE, com.-vaudeville 2 actes.
MADAME ET MONSIEUR PINCHON, vaud. 1 acte.
MARCEL, drame en 5 actes.
LA MAITRESSE DE LANGUES, vaudevil'e en 1 acte.
LA MARQUISE DE SENNETERRE, comédie 3 actes.
MATHILDE ou la Jalousie, comédie-vaud. 2 actes.
MONSIEUR ET MADAME GALOCHARD, vaud. 1 acte.
MURAT, drame en 5 actes et 16 tableaux.
LE MARI DE LA DAME DE CHOEURS, vaud. 2 actes.
LA MARQUISE DE PRÉTINTAILLE, vaud. 1 acte.
MADELEINE, dr. 5 actes, A. Bourgeois et Alberta.
LE MANOIR DE MONTLOUVIERS, drame 5 actes.
LA MAIN DROITE ET LA MAIN GAUCHE, drame en 5 actes, par Léon Gozlan.

CRAVATE ET JABOT,

COMÉDIE-VAUDEVILLE EN UN ACTE,

PAR MM. V. DE SAINT-HILAIRE ET P. DUPORT.

REPRÉSENTÉE POUR LA PREMIÈRE FOIS, A PARIS, SUR LE THÉATRE DES FOLIES-DRAMATIQUES, LE 19 JUILLET 1850.

PERSONNAGES.	ACTEURS.
GATINEAU, receveur de l'enregistrement. 60 ans très-vert, perruque poudrée, ailes de pigeon...	MM. SERRES.
DUTROCHET, droguiste retiré, même âge................	HOSTER.
ISIDORE, commis voyageur en rubannerie................	ALFRED.
Mme LACOUR, marchande modiste et mercière, 45 ans.........	Mme OUDRY.

PERSONNAGES.	ACTEURS.
ZIZI LOUROUX, modiste. 20 ans.	Mmes A. LEGROS.
VALÉRIE BERTIN, 17 ans.....	DUPLESSY.
Mlle DESGRAVIERS, vieille fille bigote, 45 ans..............	MEREAUX.
LOLOTTE...................	CAMILLE.
UN GROOM.. .... M.	DESQUELS.

DEMOISELLES DE BOUTIQUE DE Mme LACOUR.

La scène se passe à Carpentras, de nos jours.

Le théâtre représente l'intérieur d'une boutique de marchande de modes, mercière. — A droite, un comptoir et des casiers avec des cartons verts. — Au fond, la porte principale et la devanture; des rubans suspendus, des bonnets, des chapeaux. — A gauche, au deuxième plan, porte de l'arrière-boutique; du même côté une table ronde sur laquelle il y a des têtes à monter les bonnets.

SCÈNE PREMIÈRE.

ZIZI, LES DEMOISELLES DE BOUTIQUES.

Au lever du rideau, Zizi et les demoiselles de boutique travaillent Zizi est sur une chaise, à l'extrémité du comptoir, les autres dans le comptoir et près de la table.

CHŒUR.

AIR : *Travaillons, mesdemoiselles.*

Travaillons avec courage,
Pour ce soir que tout soit prêt !
Oui, tâchons que notre ouvrage
Brille au bal du sous-préfet !

ZIZI. Fait-il déjà du bruit dans Carpentras, ce diable de bal!... Toutes les têtes en tournent d'avance, quoi!... Jusqu'à madame Lacour, notre patronne, qui compte aussi aller y étaler ses grâces!... (*Quittant sa place.*) Dis donc, Lolotte, conçois-tu ça, toi?

LOLOTTE. Dame! pourquoi pas?

ZIZI. Ah! ouiche! plus souvent qu'on l'invitera, une petite boutiquière!... Si elle était jeune et jolie encore... mais une veuve de quarante-cinq ans, qui a trois dents osanores, et les cheveux teints !

PHRASIE. Imprudente! si elle t'entendait !

ZIZI. Laisse donc, elle est sortie, pour aller en recette soi-disant, mais tout bonnement pour intriguer, et courir encore après son invitation, j'en suis sûre... Et comme elle ne l'attrapera pas, vous la verrez rentrer tout à l'heure avec une mine longue de ça... ça s'ra drôle!... Chut! la v'là. (*Elle regagne vivement sa place.*)

Toutes sont penchées sur leur ouvrage, et jouent de l'aiguille avec vivacité. Madame Lacour entre avec humeur et ôte son châle et son chapeau.

SCÈNE II.

LES MÊMES, Mme LACOUR.

ZIZI, *aux autres.* Attention, mesdemoiselles, le temps est à l'orage.

Mme LACOUR. Ah! les aiguilles marchent bien maintenant que je suis là; mais peu-

NOTA. Toutes les indications de droite et de gauche, doivent s'entendre relativement à l'acteur faisant face au public.

dant mon absence, on n'a rien fait, j'en suis sûre.

ZIZI. Madame se trompe; car nous n'avons pas cessé un moment de travailler; n'est-ce pas, mesdemoiselles?

Mme LACOUR. Oui, de la langue, suivant votre habitude!

ZIZI. De la langue!... nous n'avons pas seulement ouvert la bouche... n'est-ce pas, mesdemoise les?

Mme LACOUR. C'est bon, c'est bon, raisonneuse... Voyons, avez vous fini la toque de mademoiselle Desgrav ers?

ZIZI. Je n'ai plus qu'un nœud à y mettre, madame.

Mme LACOUR. Tâchez surtout qu'il n'y ait rien à redire; car c'est une tatillon s'il en fut jamais.

ZIZI. Dame! quand on a son âge et sa figure... le fait est que la chère cousine doit bien avoir à présent...

Mme LACOUR. Là, je vous y prends encore à appeler mademoiselle Desgraviers votre cousine.

ZIZI. Eh ben! est-ce qu'elle ne l'est pas? est-ce qu'elle ne descend pas des Louroux comme moi?

Mme LACOUR. C'est possible, mais elle ne veut pas qu'on le sache, et c'est capable de me faire perdre sa pratique.

ZIZI. Belle pratique, ma foi! qui fournit toutes ses étoffes!

Mme LACOUR. Du moment que cela lui convient et à moi aussi... En voilà assez, taisez-vous! (*Elle va s'asseoir près de la table ronde et prend de l'ouvrage.*)

ZIZI. Ça suffit, madame, on s'tait... (*Aux autres.*) Elle n'a pas l'invitation, c'est clair... et c'est sur nous que ça retombera... Heureusement, v'là quelqu'un qui fera diversion.

LOLOTTE. Qui donc?

ZIZI. M. Gatineau, le r'ceveur de l'enregistrement, son grand ami.

LOLOTTE. Oui, et ton amoureux à toi.

ZIZI. Mon amoureux, lui! si tu disais mon cauchemar, à la bonne heure!

SCENE III.

LES MÊMES, GATINEAU (*Il entre en se se frottant les mains et en fredonnant.*)

GATINEAU. Bonjour, madame Lacour; bonjour, mes demoiselles.. Eh bien! comment vont les festons, les ourlets et le sentiment?.,.. le sentiment surtout! car nous sommes toutes jolies comme des cœurs, et nous avons des yeux!... Ah! dame! des yeux... enfin, suffit... il n'y a pas de mal

à ça... Entendez-vous, Zizi, vous qui avez les plus beaux, les plus grands, les plus... je dis qu'il n'y a pas de mal à ça... Eh! eh!.. (*Il veut lui prendre le menton; elle lui donne une tape.*) Espiègle, va!... Elle ne vaut pas un monaco, cette mauvaise pièce-là; eh bien! elle a quelque chose de piquant qui me porte à la tête.. Je suis le contraire des mouches, moi, le vinaigre m'attire.

ZIZI. Dieu! q'c'est joli!

GATINEAU. Mais, oui, pas trop mal... vous êtes bien bonne!... Ah! Zizi, pourquoi n'avez-vous pas voulu faire mon bonheur? Vous vous en seriez mieux trouvée que vous ne pensez... Ah! mais oui, ah! mais oui!

ZIZI. Laissez donc! vous savez bien que je ne veux pas épouser une mauvaise langue.

GATINEAU. Et cependant vous connaissez le proverbe: Qui se ressemble...

ZIZI. Hein?

GATINEAU. Enfin, vous craignez la concurrence, c'est clair.

ZIZI. Ah ça, vous tairez-vous, scorpion?

GATINEAU. Mais alors pourquoi avoir reçu mes déclarations, mes vers, et ma promesse en bonne forme? Pourquoi surtout les avoir gardés?

ZIZI. Pardine! pour allumer mon feu... c'était si brûlant!

TOUTES. Ah! ah! ah! ah!

GATINEAU. Ainsi, c'est donc toujours la guerre que vous voulez?.. Prenez garde, Zizi!

ZIZI. Allez, allez, vous ne me faites pas peur.

GATINEAU. C'est bon, on sait ce qu'on sait... nous verrons, nous verrons.. mais plus tard... pour le moment, je signe un armistice.

Mme LACOUR. Ne les dérangez pas, monsieur Gatineau, elles ont beaucoup à faire.

GATINEAU. Moi, je ne les dérange pas du tout... au contraire... Ah ça, mais d'où vous vient donc tant de besogne? Pourquoi ce coup de feu?

Mme LACOUR. Oubliez-vous qu'il y a bal ce soir à la sous-préfecture?

GATINEAU. Bal à la sous-préfecture?

Mme LACOUR. Faites donc l'étonné, comme si vous n'étiez pas toujours invité des premiers.

GATINEAU. Je ne le suis pas aujourd'hui, toujours.

Mme LACOUR. Ah! bah!... Et moi qui comptais sur vous pour...

GATINEAU. Hein? plaît-il?

Mme LACOUR. Rien, rien.

GATINEAU. Rien, rien... ça veut dire beaucoup de cho es, ça... d'autant plus que vous avez pris un peti air mystérieux...

Mᵐᵉ LACOUR. Moi, du tout... je voulais dire seulement qu'il est étonnant que le sous-préfet...

GATINEAU. Ah! ça vous paraît étonnant... Eh b en! moi, ça ne m'étonne pas, voilà la d.ff rence.

Mᵐᵉ LACOUR. Comment?

GATINEAU. C'est clair, nous nous connaissons trop maintenant. Il sait que j'ai appris la manière dont il a commencé, et aujourd'hui que monsieur fait le gros dos, ça le vexe!

ZIZI. Tiens, tiens, tiens... Comment donc a-t-il commencé, le sous-préfet?

Mᵐᵉ LACOUR. Je vous ai défendu de parler politique, mademoiselle.

GATINEAU. Mais c'est de l'histoire, ça.

Mᵐᵉ LACOUR. C'est possible, ma s gardez-la pour vous vo re histoire; je ne veux pas compromettre mon maga-in D'ailleurs, si le sous-préf t vous a oub ié, il n'a pas oublié tout le monde, monsieur Gatineau... Et comme on m'a promis une invitation de sa part...

GATINEAU. A vous?

Mᵐᵉ LACOUR. Et pourquoi pas?

GATINEAU. Alors, vous devez naturellement le trouver un grand administrateur, c'est juste... Ah! il donne bal... bravo! danse, danse, mon cher ami, en attendant que tu sautes!

Mᵐᵉ LACOUR. Que dites-vous? Est-ce qu'il serait vraiment question?...

GATINEAU. Question, hein?... Non, rien, rien, ne me faites pas jaser, c'est inutile. — Pour qui donc cette écharpe, Zizi?

ZIZI. Pour l'épouse de monsieur l'maire. Elle est brune comme tout, et elle a voulu du r se tendre. J'vous demande un peu quel joli effet ça fera!

GATINEAU. Pitoyable!... Encore un fameux magistrat que monsieur son mari!

Mᵐᵉ LACOUR. Oh! pour celui-à, il est aimé généralement, parce q'il a fait faire des trottoirs, et écla rer les rues dans le nouveau système.

GATINEAU. Laissez donc... moyens de corruption, pour avoir aux élections la voix des piétons et des boutiquiers... avec ça qu'il est actionnaire du gaz et du bitume.

Mᵐᵉ LACOUR. Savez-vous, monsieur Gatineau, que vous êtes pire qu'un journal d'opposition: vous attaquez tous les gens en place.

GATINEAU. Le fait est que je n'peux pas les souffrir.

Mᵐᵉ LACOUR. Cependant vous y êtes aussi, vous.

GATINEAU. Certainement, j'y suis; mais qui est-ce qui vous dit que je m'aime plus q e les autres, dans cette position-là? J'y suis, parce que... Et puis, au fait, il y a une grande différence... mon poste à moi, c'est tout bonnement une retraite p ur la philosophie, une espèce d'observato re. La nature m'a créé observateur: Observe, observe, m'a dit cette excel ente mère en me mettant au monde. Pour ob erver, il f lait bien me placer quelque art, et que pouvais-je prendre de mieux qu'un bureau d'enregistrement? Je suis là, comme dirait un poëte aux premières loges du grand théâtre de la fortune. Tenez, bien so vent, quand je vois quelqu'un se rengorger dans un salon, parler de s s maisons de ville, de ses châteaux, de ses fermes, en prenant du tabac d'un air d'importance, je me dis, à part moi: Première hypothèque, deuxième hypothèque, troisième hyp thèque... Enfin, je comp e les hypothèques... et ça m'amuse. Exemple: le marquis de Persillac, mon voisin, qui porte toujours la tête si haut et a la vue si ba se qu'il ne reconnaît personne dans la rue...

Mᵐᵉ LACOUR. Eh bien! est-ce que sa fortune n'est pas sol de?

GATINEAU. Comment donc! très-solide: deuxième hypothèque, troisième hypothèque, quatrième...

Mᵐᵉ LACOUR. Ah! mais un instant, ne plaisantons pas, sa femme me doit beaucoup.

GATINEAU. Elle doit à bien d'autres, pardieu!

Mᵐᵉ LACOUR. Zizi, vous allez tout de suite lui porter sa note.

ZIZI. Lai sez donc, madame, est-ce que vous croyez monsieur Gatineau? Vous dites souvent que j'suis cancanière; mais vous savez bien qu'il me rendrait des points à ce jeu-là!

Mᵐᵉ LACOUR. C'est vrai. Voilà pourtant ce qu'il y a d'affreux en province; comme tout le monde se connaît, on y dit du mal de tout le monde.

GATINEAU. Oui, au lieu qu'à Paris, comme on ne se connaît pas, on n'en dit que de ses amis; c'est plus moral.

Mᵐᵉ LACOUR. Enc re!... Ah ça, qu'est-ce qu'il a donc?

ZIZI. Il a, il a... qu'il n'est pas invité au bal, quoi?

LOLOTTE. Eh bien! moi, j'en suis très-fâchée; car enfin qui est-ce qui nous en donnera des nouvelles de ce beau bal, s'il n'y va pas?

GATINEAU. Si ce n'est que ça qui vous inquiète, Lolotte, soyez tranquille ; les caquets, les cancans commenceront dès demain de tous côtés, et je vous en promets pour huit grands jours au moins !

Air nouveau.

Que nous allons rire !
Car on peut prédire
Que l'on va médire
Du soir au matin.
Vraiment, quand j'y pense,
Ah ! j'en ris d'avance...
Quelle jouissance
Nous attend demain !
Voyez la payeuse,
Dit la receveuse,
Comme elle est heureuse
Près de son hussard !
Et la conseillère
Dont l'humble paupière
D'un clerc de notaire
Quête un doux regard.
Quelle mijaurée,
Pincée et sucrée,
Se tient retirée,
Au boudoir voisin ?
C'est la chanoinesse,
Miroir de sagesse,
Qui prêche et confesse
Son petit cousin ;
Et là dans la foule,
Quelle est cette boule?
Qui valse et roucoule,
Risquant son salut ?
C'est la présidente
Qui de deux cent trente,
Écrase, haletante,
Le beau substitut.
Voyez la préfète,
Comme elle est bien faite !
Quel charme lui prête
Ce teint plein d'appas !
Ah ! c'est bien dommage
Qu'au lit ce corsage
Et ce frais visage
Ne la suivent pas !
Mais Dieu me pardonne !
Voilà la Fontbonne
Qui d'hier baronne
Prend un air altier,
Qui la rend si fière,
Quand la ville entière
Vit monsieur son père
Simple perruquier?

(*Parlé.*) Deux palettes pour enseigne !... rengorgez-vous donc avec un blason comme ça ! Ça fait pitié, parole d'honneur !

Mais quittant les femmes,
Si des bonnes âmes
Le flot d'épigrammes
Passe à leurs époux,
C'est bien autre chose !
Dieu sait comme on glose !
Souvent même on ose
Rimer à... jaloux.
Tout le monde y passe
Aucun, quoi qu'il fasse,
Ne peut trouver grâce
Dans ce tourbillon !
Oui, c'est une rage
De blâme et d'outrage ;
Et voilà l'image
D'un bal au grand ton !

ENSEMBLE GÉNÉRAL
Que nous allons rire ! etc.

GATINEAU, *regardant dans la rue*. Tiens, tiens, tiens, qu'est-ce que je vois là ?

TOUTES. Quoi donc?

GATINEAU. Un revenant, mesdemoiselles ! le joli commis voyageur en rubannerie, monsieur Isidore.

TOUTES. Monsieur Isidore ! (*Elles regardent toutes dans la rue.*)

GATINEAU. Ne baissez donc pas les yeux, Zizi, et regardez comme les autres... ou ça donnerait des idées ..

ZIZI. Quelles idées ?.. par exemple !

GATINEAU. C'est bon, c'est bon... je garderai ça pour moi, soyez tranquille.

ZIZI. Oh ! méchante vipère !

SCENE IV.

LES MÊMES, ISIDORE.

ISIDORE. Bonjour madame Lacour, bonjour, mesdemoiselles.... bonjour à vous aussi, monsieur Gatineau.

LES DEMOISELLES. Bonjour, m'sieur Isidore.

GATINEAU. Salut à l'heureux Joconde de la rubannerie !.. (*Lui serrant la main.*)

Mme LACOUR. M'apportez-vous beaucoup d'échantillons, monsieur Isidore ?

ISIDORE. Tout ce qu'il y a de mieux et de plus nouveau, madame, et pas en rubans seulement... j'ai beaucoup d'autres articles cette fois... des velours, des satins, des fleurs, des tulles, des taffetas ...

GATINEAU. Et cætera, et cætera... Donnez-lui votre carnet, tenez, et parlez-nous de vous ... ça sera plus intéressant pour ces demoiselles.... N'est-ce pas, Zizi ?

ZIZI. Allez-vous me laisser tranquille à la fin ?

GATINEAU. C'est fini, c'est fini... Voyons, monsieur Isidore, c'est ce qui vous ramène à Carpentras, hein ?

ISIDORE. Mon Dieu ! rien que de très-simple : ayant eu à faire une tournée dans le département, je la termine par la ville où je suis né.

GATINEAU. C'est juste : le post-scriptum du voyage, la pensée du cœur. Nous y avons sans doute notre Dulcinée ?

ZIZI, *s'approchant.* De quoi se mêle-t-il, je vous le demande ? Apprenez, monsieur, que monsieur Isidore est plus discret que vous : il est très-galant avec toutes les femmes ; mais personne ne sait celle qui aime.

ISIDORE. Moi, mademoiselle Zizi, mais je vous aime beaucoup.

ZIZI. Laissez donc, je n' suis pas un assez bon parti pour vous.

AIR *de la romance de Joseph.*

Dans une modeste boutique
Quand vous étiez simple garçon,
J' pouvais, sans craindre la critique,
Espérer... mas aujourd'hui, non.
Quand la fortune vous caresse,
Je n' dois pas rêver tant d'honneur
Moi qui n'ai pour toute richesse
Qu'un dé, mon aiguille et mon cœur.

GATINEAU. C'est vrai, mais quel cœur !... ah !.. ce qu'il y a de plus tendre dans tout Carpentras ! A votre place, monsieur Isidore, je voudrais au moins le prendre à l'essai.

ZIZI. Comment, à l'essai ?.. Insolent !

Mme LACOUR. C'est bon, c'est bon... allez donc finir votre bonne, mademoiselle.

ZIZI, *retournant à sa place.* Oui, madame. (*A part.*) Oh ! quel ennui !

Mme LACOUR. Qu'est-ce qu'on m'a donc raconté, monsieur Isidore ? vous allez vous établir ?

ISIDORE. Oui, madame, j'en ai le projet.

TOUTES. Il va s'établir ?

GATINEAU, *les contrefaisant.* Il va s'établir ! Voyez vous comme ce mot-là a mis tous les nez en l'air ! Effet électrique, sympathique et logique ; parce qu'elles savent qu'on ne prend guère un établissement sans femme, les charges avec les bénéfices.

Mme LACOUR, *examinant le carnet.* Y aurait-il de l'indiscrétion, monsieur Isidore, à vous demander si c'est à Paris ou à Carpentras que vous vous établirez ?

GATINEAU. Ce qui veut dire, en d'autres termes, est-ce à Paris ou à Carpentras que vous aimez ?

ISIDORE. Mais, monsieur....

GATINEAU. Suffit, suffit.... du moment qu'il y a de l'indiscrétion.... mais c'est égal, on sait ce qu'on sait.... C'est à Carpentras, mesdemoiselles, c'est à Carpentras.... Mais qui aime-t-il à Carpentras ? Voilà la question !..

Mme LACOUR. Eh ! mon Dieu ! monsieur Gatineau, laissez donc monsieur Isidore tranquille avec ses amours. Vous êtes d'une curiosité !..

GATINEAU. Moi ? Pas le moins du monde.

C'est pour ces demoiselles que je m'en inquiétais ; je les voyais si tourmentées ; Zizi, surtout....

ZIZI. Par exemple !... j'espère bien que monsieur Isidore ne croira pas cela.

GATINEAU. Le fait est que ça pourrait lui donner de l'amour-propre ; et puis ça paraissait si peu !...

ZIZI. Mais c'est une peste que cet être-là ! Je vous préviens, monsieur Gatineau...

Mme LACOUR. Assez. Avez-vous un grand aunage de ce numéro de satin rose, monsieur Isidore ?

ISIDORE. Ce ruban... je ne sais, madame... je verrai.

Mme LACOUR, *à Lolotte.* C'est bien la nuance que demandait mademoiselle Valérie, n'est-ce pas ?

ISIDORE. Mademoiselle Valérie ! mademoiselle Valérie Bertin ?

Mme LACOUR. Précisément. Si vous en avez, envoyez-le-moi bien vite ; car c'est très-pressé : elle va ce soir au bal du sous-préfet.

ISIDORE. Ah ! le sous-préfet donne un bal.

GATINEAU. Il y est bien forcé, puisqu'il reçoit des frais de représentation pour ça.... Mais quels bals ! bals de vrais grigous !.. thé, punch, tout est froid, excepté les glaces, qui sont chaudes.

ISIDORE, *à part.* Gilbert, le chef de bureau, pourra.... oui, oui, il faut que j'y aille, moi, il le faut.

Mme LACOUR. Eh bien, aurai-je mon ruban ?

ISIDORE, *distrait.* Certainement, j'irai... oui, madame, j'irai.

Mme LACOUR. Comment ?

ISIDORE. Non, je veux dire, vous l'aurez.

GATINEAU. Ah çà qu'est-ce qu'il a donc, le beau commis ?.. Eh ! eh !

ZIZI. Vous dites ?...

GATINEAU. Moi ?.. je dis : Eh ! eh !... Et vous.

ZIZI. Moi ?.. je vous souffletterais de bon cœur !

Mme LACOUR. Dépêchez-vous surtout, monsieur Isidore.

ISIDORE. Soyez tranquille, madame.

Mme LACOUR. Et ne m'attirez pas de reproche pour la nuance, entendez-vous ?

ISIDORE. Oh ! il n'y a pas de danger, la nuance est là maintenant.

ZIZI. Où donc ça, monsieur ?

ISIDORE. Je dis là... dans ma poche.

GATINEAU. Celle du cœur... comprenez-vous ?.. c'est très-délicat !

ISIDORE, *reprenant ses cartons.* Adieu, madame, adieu, mesdemoiselles ; je suis ici dans un instant. (*Il sort.*)

GATINEAU, *le suivant à la porte.* C'est ça, oui, dépêchez-vous; car nous allons languir pendant votre absence.

SCÈNE V.

LES MÊMES, *moins* ISIDORE.

GATINEAU. Eh bien ?

ZIZI, *et les autres.* Eh bien ?

GATINEAU. Eh bien, il faut en faire votre deuil, mesdemoiselles: la femme est trouvée! il est clair comme le jour que c'est Valérie Bertin.

ZIZI, *retournant à sa place.* En tout cas, il n'a pas fait là un bien joli choix.

GATINEAU. Pas si laid, pas si laid.

ZIZI. Une petite bégueule!

Mme LACOUR. Qui vaut cent fois mieux que vous, impertinente. Allons, mesdemoiselles, venez vite dîner; monsieur Gatineau nous rendra bien le service de garder la boutique, pendant que nous serons à table.

GATINEAU. Comment donc! Mais je ferai même l'article, si vous voulez.

Mme LACOUR. Allons, Zizi, dépêchons-nous.

ZIZI. Merci, madame, j'ai pas d'appétit.

GATINEAU. Zizi, pas d'appétit!.. voilà la première fois que ça lui arrive.... C'est donc encore plus sérieux que je ne croyais?

ZIZI. Allez au diable!

Mme LACOUR. Puisque vous ne voulez pas dîner, prenez la commande de madame de Pesillac, et en la lui portant, entrez chez monsieur Girard, le marguillier, et demandez-lui s'il n'a rien reçu pour moi.

GATINEAU. Qu'est-ce qu'il peut donc recevoir pour elle le marguillier? Nous verrons ça!

Mme LACOUR *et* LES DEMOISELLES.

Air de la valse de Robin des bois.

Allons vite, mesdemoiselles.

Puis ensuite nous reviendrons

Reprendre nos tuls, nos dentelles,

Et nos volants et nos festons.

GATINEAU, *à Zizi.*

Vous souffrez bien, je le parie.

ZIZI.

Qui, moi? ce s'rait trop sot vraiment.

GATINEAU.

Bravo! de la philosophie!

À part.

Elle suffoque!... ah! c'est charmant !

ENSEMBLE.

Mme LACOUR *et* LES DEMOISELLES.

Allons vite, mesdemoiselles, etc.

GATINEAU.

Dînez vite, mesdemoiselles,

Puis ensuite nous tâcherons

D'avoir encor quelques nouvelles

Sur lesquelles nous broderons.

Mme Lacour sort avec les demoiselles par la porte de gauche; Zizi qui a pris un carton sort par celle du fond.

SCÈNE VI.

GATINEAU, *seul, puis* DUTROCHET.

Pauvre Zizi, va!... c'est qu'vraiment elle étouffe!.. Et dans cette position-là, elle fait bien de ne pas dîner... oui, mais moi, qui n'étouffe pas, madame Lacour aurait bien pu m'inviter à manger la soupe, au lieu de me mettre de garde ici.... (*Voyant Dutrochet à travers le vitrage.*) Un chaland.... J'ai bien envie de lui faire manquer la vente, pour la peine.... Qu'est-ce qu'il va me demander celui-là.

DUTROCHET, *ouvrant la porte.* Le bureau de l'enregistrement, s'il vous plaît?

GATINEAU. Vous voyez bien que ce n'est pas ici, monsieur.

DUTROCHET. Pardon, c'est qu'on vient de me dire que M. Gatineau, le receveur, y passe presque toutes les journées.

GATINEAU. Comment? comment? qui est-ce qui a pu se permettre?.. Tiens!... Ah! par exemple!... Dutrochet, Dutrochet à Carpentras!... et depuis quand?

DUTROCHET, *lui serrant la main.* Je descends de voiture... le temps de prendre langue chez toi, et de venir te réclamer... dans ta succursale.

GATINEAU. Ma succursale... Il paraît que tu y tiens. Le fait est que je viens flâner ici, quelquefois... par hasard... histoire de rire un peu et de causer...

DUTROCHET. Beaucoup.

GATINEAU. Méchant!... Mais quel bon vent t'amène à Carpentras?

DUTROCHET, *avec un soupir.* Mon voyage a un but très sérieux, mon vieil ami : je viens à Carpentras pour y chercher une femme.

GATINEAU. Une femme, toi? encore!.. Ça tourne à la monomanie alors.

DUTROCHET. Eh! mon Dieu! ce n'est pas moi qui y tiens; c'est ma sœur qui prétend qu'il ne faut pas laisser périr le nom des Dutrochet.

GATINEAU. Le fait est que ce serait dommage.

DUTROCHET. C'est donc mon excellente sœur qui veut absolument en finir avec mon célibat. L'hiver, comme mes rhumatismes et mon catarrhe me rendent imprésentable, elle me laisse en repos; mais dès que la belle saison vient suspendre le règne des jujubes et de la flanelle, il faut reprendre ma campagne matrimoniale. Désespérant de me caser à mon gré et au sien à Paris, dont nous avons passé en revue tous les arrondissements, moins le treizième, qui n'entre pas dans ses idées, elle s'est imaginé que la province me réussissait mieux, et pour commencer, elle me lance aujourd'hui sur Carpentras.

GATINEAU. C'est bien imprudent!

DUTROCHET. Comment? pourquoi dis-tu ça?

GATINEAU. Oh! pour rien... Voyons, quelle est la femme qu'on te destine ici?

DUTROCHET. La femme? dis donc les femmes.

GATINEAU. Il y en a plusieurs?

DUTROCHET. Trois, mon cher ami, trois bons partis, dont on nous répond, corps pour corps.

GATINEAU. Qui diable peut avoir cette hardiesse-là?

DUTROCHET. Un ancien ami de ma sœur, M. Girard, le marguillier de la paroisse.

GATINEAU. Le marguillier... Ah! il a été l'ami de ta sœur?... Il fait donc des mariages, à présent, monsieur le marguillier?... Ce n'est pas précisément cela qu'il faisait autrefois... Enfin, c'est égal... Et quelles sont les trois jolies paroissiennes dont ce respectable garant vous répond comme de lui-même?

DUTROCHET. Je voudrais les voir avant de les nommer... je te consulterai après.

GATINEAU. Oui, quand ton choix sera fait; c'est toujours comme ça qu'on consulte.

DUTROCHET. Je ne t'empêche pas de deviner.

GATINEAU. Deviner, deviner, c'est bientôt dit... Trois bons partis à Carpentras, je ne connais pas ça,, même en comptant les femmes mariées., Et quand dois-tu voir ces merveilles inconnues?

DUTROCHET. Ce soir même.

GATINEAU. Toutes trois?

DUTROCHET. Toutes trois et ensemble.

GATINEAU. Où donc ça?

DUTROCHET. Au bal du sous-préfet.

GATINEAU. Ah! c'est de la société de la sous-préfecture? Décidément ta sœur n'a pas la main heureuse.

DUTROCHET. Qu- signifie?...

GATINEAU. Une société détestable, puisque tu me forces à te le dire... J'espère bien que tu n'iras pas te compromettre dans ce monde-là!... Tout homme qui se respecte un peu... Ce n'est pas moi qu'on y verra, toujours!

DUTROCHET. Moi, qui comptais sur toi pour me donner des renseignements sur les personnes qu'on doit m'y présenter.

GATINEAU. Sur moi?... Ah! bien, oui... désolé de te refuser; mais quand le sous-

préfet me supplierait à mains jointes, vois-tu... Non, c'est un parti pris, je n'y mettrai pas les pieds.

SCÈNE VII.

LES MÊMES, UN GROOM.

LE GROOM. Monsieur le receveur de l'enregistrement est-il ici?

GATINEAU. C'est moi, que voulez-vous?

LE GROOM. Une lettre de M. le sous-préfet.

GATINEAU. *la prenant.* Une lettre! donnez donc. (*L'ouvrant, à part.*) Ah! j'étais bien sûr qu'il ne pouvait pas s'être permis...

LE GROOM. On me l'avait remise depuis deux jours, avec beaucoup d'autres, et je l'avais oubliée. Ne le dites pas à monsieur, je vous en prie, car il me donnerait un galop.

GATINEAU. C'est bon, c'est bon, laissez-nous. (*A part.*) Tu l'auras, ton galop, polisson, sois tranquille.

SCÈNE VIII.

GATINEAU, DUTROCHET.

DUTROCHET. Tu es donc en correspondance avec le sous-préfet?

GATINEAU. Pour le service, oui... et précisément un rendez-vous d'affaires, qu'il me demande ce soir, juste à l'heure de son bal. Ça me contrarie beaucoup... et pourtant, à cause de toi, je me déciderai à y aller... Oui, une des femmes qu'on te destine n'aurait qu'à te plaire... je suis bien aise d'être là... Ah! une idée!

DUTROCHET. Laquelle?

GATINEAU. Attends-moi ici pendant que je vais faire un tour à mon bureau.

DUTROCHET. Tu y vas donc quelquefois?

GATINEAU. Il le faut bien... pour signer. Nous disons donc que tu veux des renseignements sur tes prétendues. Et b en, en attendant les miens, tu pourras en recueillir ici de très-utiles. Elles doivent être des pratiques de ce magasin, le plus achalandé de la ville. Et tu peux être sûr qu'on te les y disséquera des pieds à la tête. Au bal, tu ne les verrais qu'en grande parure, en tenue officielle, c'est-à-dire menteuse; ici on te les montrera en déshabillé. Ce sera moins beau, mais plus vrai.

DUTROCHET. Et le prétexte, pour rester ici?

GATINEAU. Pardieu! le premier venu... une commande de n'importe quoi... Ah!... encore une autre idée! mais celle-là, par exemple...

DUTROCHET. Celle-là, c'est?...

GATINEAU. Un très-bon moyen pour qu'on

ne se méfie pas de toi, et qu'on parle sans gêne en ta présence.

DUTROCHET. Quel est donc ce moyen ?

GATINEAU. Il n'est pas positivement neuf, mais n'importe, ça réussit toujours, tu vas voir.

SCÈNE IX.

LES MÊMES, Mme LACOUR.

Mme LACOUR. Comment ! Zizi n'est pas encore revenue ?

GATINEAU. Ah ! mon Dieu ! non. Et pourtant il n'y a qu'un pas d'ici chez le marguillier.

Mme LACOUR. Vous avoir laissé si longtemps seul ! (*Apercevant Dutrochet.*) Ah ! mon Dieu ! quelqu'un !... Et vous ne me prévenez pas... monsieur... (*Elle fait plusieurs révérences à Dutrochet, qui la salue froidement.*) Monsieur désire ?

DUTROCHET. Moi, mad...

GATINEAU, *criant à ses oreilles.* Madame demande ce que tu désires !

DUTROCHET, *reculant assourdi.* Ah ça !

GATINEAU, *bas.* Chut ! laisse-moi faire.

Mme LACOUR, *à Gatineau.* Pourquoi donc criez-vous si fort ? Est-ce que monsieur serait ?...

GATINEAU. Ah ! mon Dieu ! oui... comme un bonnet de laine... Un bisaïeul... à Wagram... qui lui a passé ici... juste au-dessous des oreilles... Vous concevez qu'après un tel accident....

DUTROCHET. Mais...

GATINEAU, *bas.* Tais-toi donc, tu me remercieras plus tard.

Mme LACOUR. Pauvre homme ! (*Passant de l'autre côté de Dutrochet, et lui criant à l'oreille.*) Si monsieur a besoin de mes services ?

DUTROCHET, *surpris.* Oh ! là ! (*Gatineau lui marche sur le pied, il se reprend.*) Oui, madame, oui, c'est au service.

GATINEAU. Tenez, je vais vous dire tout de suite ce qu'il veut, parce que sans ça... Mon ami arrive de Paris, tout exprès pour aller ce soir au bal de la sous-préfecture, avec moi.

Mme LACOUR. Avec vous ? mais vous n'êtes pas invité.

GATINEAU. Ne m'interrompez pas, je suis très pressé. Son valet de chambre a oublié de mettre dans sa malle une partie essentielle de son costume, une cravate de satin et un jabot. Je lui ai dit qu'il trouverait chez vous à réparer cet oubli.

Mme LACOUR, *criant.* Certainement, monsieur, certainement.

GATINEAU, *passant entre elle et Dutrochet.* Ne vous fatiguez donc pas. (*Bas à Dutrochet.*) Elle a une voix de pintade. (*Haut.*) Je suis forcé d'aller faire une course ; mais il m'attendra ici, pendant qu'on lui fera son jabot. Du reste, il ne vous gênera pas : grâce à son infirmité, vous pourrez bavar... non, je veux dire causer devant lui tout à votre aise, sans compromettre personne.

Mme LACOUR, *criant.* Mais si monsieur le permet, je compte bien causer avec lui-même.

GATINEAU. C'est ça, oui, et de ce ton-là, surtout ! ça serait agréable. Donnez-lui plutôt un journal, ça ménagera vos moyens, et ça vaudra mieux pour lui. (*En prenant un sur la table.*) Justement, en voilà un.. Tiens, mon ami, c'est le journal du département. Mets-toi là, lis le, et tu sauras tous les cancans du chef-lieu et des alentours.

Mme LACOUR. Ça vous tiendra lieu de M. Gatineau.

DUTROCHET, *bas à Gatineau.* Entends-tu ?

GATINEAU, *de même.* Pardieu ! je ne suis pas sourd, moi. (*Haut.*) Au revoir. (*A part.*) Je lui revaudrai ça !

SCÈNE X.

LES MÊMES, ZIZI.

GATINEAU, *la rencontrant à la porte du fond.* Ah ! enfin, vous voilà donc, Zizi... Eh bien, l'avez-vous rattrapé ?

ZIZI. Rattrapé, qui ?

GATINEAU. Qui ? mais, pardieu ! ce monstre d'Isidore.

ZIZI. Monsieur Gatineau !...

GATINEAU. Vous ne l'avez pas rattrapé !... quel dommage !... Mais soyez tranquille, je reviendrai vous consoler tout à l'heure. (*Il sort en riant.*)

ZIZI, *ôtant son châle.* Et il ne lui tombera pas quelque chose sur la tête, à cet animal-là !

SCÈNE XI.

ZIZI, Mme LACOUR, DUTROCHET.

Mme LACOUR. Mais venez donc, Zizi, vous avez été bien longtemps.

ZIZI. C'est le marguillier qui m'a retenue... il attendait quelque chose de la sous-préfecture.

Mme LACOUR. Et l'a-t-il reçu, enfin ?

ZIZI, *lui donnant une lettre.* Oui, madame... voilà. (*Mme Lacour ouvre vivement la lettre.*) Il paraît que c'est un grand mystère, car la lettre était bien fermée.

Mme LACOUR, *ayant brisé le cachet.* L'invitation !... quel bonheur !

ZIZI, *allant porter son châle sur le comptoir.* Annoncez de ma part à madame Lacour, a dit M. Girard....

DUTROCHET, *à part.* Madame Lacour, la veuve... une de mes trois... Attention !

Mme LACOUR, *mettant la lettre dans sa poche.* Eh bien, qu'a dit monsieur Girard ?

ZIZI, *revenant.* Que, pour sûr, le prétendu y sera... Ah! mais, moi qui oublie qu'on m'a recommandé la discrétion, et qui parle tout haut devant ce monsieur.

Mme LACOUR, *toute joyeuse.* Ça ne fait rien, ma bonne Zizi, ça ne fait rien. Il est sourd à ne pas entendre le canon.

ZIZI. Tiens, c'est dommage !... il ne serait pas encore trop mal, sans ça... (*Et le lui fait une révérence.*) Dites-moi donc, madame, quel est ce prétendu dont parle M. Girard ?

Mme LACOUR. Un bon, un excellent, un très-riche parti, qui me rendra, et au delà, tout ce que m'a mangé le défunt !

ZIZI. Comment !... c'est donc pour vous ?

Mme LACOUR, *à part.* Imprudente ! (*Haut.*) Eh bien, oui, là, puis ue le mot est lâché, c'est pour moi, mais n'en dites rien à personne, au moins.

ZIZI. Madame sait bien que je suis discrète. (*A part.*) Oh ! le bon cancan pour demain ! (*Haut.*) Et ce prétendu, quand le verrez-vous ?

Mme LACOUR. Ce soir, au bal; nous devons nous y rencontrer, comme par hasard. — Vous êtes aimable, spirituelle, jeune encore, et toujours fraîche, m'a dit ce cher Girard...

ZIZI, *à part.* Vieux flatteur, va !

Mme LACOUR. Vous le charmerez, j'en suis sûr.

DUTROCHET, *à part.* Le cher Girard pourrait bien se tromper.

Mme LACOUR. Ah ! Zizi, ma bonne Zizi, si j'ai ce bonheur, je te laisse tout de suite, et pour rien, mon fonds et mes pratiques.

ZIZI. Vous renoncerez donc au commerce ?

Mme LACOUR. Le commerce ! est-ce que j'aurai besoin de ça ? J'aurai voiture, ma chère, maison de campagne, un train... Ah ! les bals, les concerts, le spectacle, la toilette !... et quelle toilette !... voilà ce qui m'occupera, à la bonne heure !.. Mais le commerce, fi donc! ça n'est bon que pour les petites gens !

ZIZI. Les petites gens comme nous, oui, c'est vrai ; mais croyez-vous que le futur ?...

Mme LACOUR. M. Dutrochet?... un bon homme à mener par le bout du nez... papa Girard me l'a dit.

DUTROCHET, *à part.* C'est bon à savoir.

Mme LACOUR. De plus, il est vieux, laid, presque impotent.

DUTROCHET, *à part.* Merci du portrait.

ZIZI. Je vous plains, madame !

Mme LACOUR. Pourquoi donc ? Un mari comme ça, c'est très-commode, au contraire, c'est tout bonnement un caissier, un porte-respect, rien de plus.

DUTROCHET, *à part.* De mieux en mieux.

Mme LACOUR. Mais je bavarde là... il faut que je pense à ma parure de ce soir... Dites-moi, Zizi, a-t-on reporté la robe de la présidente ?

ZIZI. Pas encore, madame.

Mme LACOUR. Ah ! tant mieux ! c'est juste ma taille... je la garde pour moi.

ZIZI. Eh bien, et elle ?

Mme LACOUR. Elle ?... elle s'en passera. Ne faut-il pas se gêner ?

ZIZI. Y songez-vous ? une robe de cinq cents francs ?

Mme LACOUR. Bah ! le papa Dutrochet en payera bien d'autres !

DUTROCHET, *à part.* Oui, compte là-dessus !

Mme LACOUR. A propos, et ce monsieur... son jabot, sa cravate... Prenez ce qu'il faut, Zizi, et bâtissez-lui ça bien vite. (*Criant à l'oreille de Dutrochet.*) Ne vous impatientez pas, monsieur, on va s'occuper de vous, et ce sera très-soigné.. Ma première demoiselle vous tiendra compagnie.

DUTROCHET. C'est bien, c'est bien.

Mme LACOUR.

AIR : *Entre deux selles.*

Ici, d'espérance
Mon cœur bat d'avance
De ce Dutrochet,
Mari si parfait,
Je tourne la tête.
Ma fortune est faite!

DUTROCHET, *à part.*

Je crois que plutôt
Défaite est le mot.

REPRISE.

ENSEMBLE.

Mme LACOUR.

Ici, d'espérance
Mon cœur bat d'avance ;
De ce Dutrochet,
Mari si parfait,
Je tourne la tête.
Ma fortune est faite!
Courons au plus tôt
M'assurer ce lot !

DUTROCHET.

Quelle extravagance !

Ah ! tu ris d'avance
De ce Dutrochet,
Mari si parfait !
Va ! rêve en ta tête
Fortune complète !
Le réveil bientôt
Changera le mot.

ZIZI.

Ici d'espérance
Son cœur bat d'avance ;
Mais ce Dutrochet,
Mari si parfait,
Pour pareil' conquête
Perdra-t-il la tête ?
S'il l'épouse, il faut
Qu'il soit un grand sot.

Mᵐᵉ Lacour sort par la gauche comme une petite folle.

SCÈNE XII.

ZIZI, DUTROCHET.

DUTROCHET, *à part.* Allons, en voilà déjà une de bien jugée... Quelle gaillarde ! Décidément, l'idée de Gatineau est excellente !

ZIZI, *à elle-même.* Tenir compagnie à un sourd, en v'là une commission agréable ! Voyons, mettons nous toujours près de lui et essayons d'en tirer quelque chose. (*Elle fait la révérence à Dutrochet et s'assied à côté de lui pour travailler à son jabot.*)

DUTROCHET, *à part.* Qu'est-ce qu'elle me veut donc, la petite Zizi ?

ZIZI, *criant.* Monsieur n'est pas de la ville ?

DUTROCHET. Non, merci, c'est inutile, j'ai le journal.

ZIZI, *à part.* Ça commence bien. (*Le regardant.*) Dieu ! que cette infirmité-là donne l'air idiot !

DUTROCHET. Vraiment !

ZIZI. Hein !... (*Criant.*) Je dis que je travaille à votre jabot.

DUTROCHET. C'est bien ça que j'avais entendu... Oh ! je ne suis pas tout à fait aussi sourd qu'on pourrait le croire.

ZIZI. Ça se voit de reste. (*Criant.*) C'est pour son plaisir que monsieur voyage ?

DUTROCHET. Vous voulez rester toujours sage... Eh ! mais c'est une très bonne idée que vous avez là, et ce n'est pas moi qui vous en détournerai.

ZIZI. Oh ! ma foi, j'y renonce !

DUTROCHET, *à part.* J'espère que je joue mon rôle en conscience !... Ça m'amuse, moi. (*Il la regarde en dessous.*)

ZIZI, *à part.* Tiens, tiens, mais v'là un sourire qui n'est pas si bête que tout à l'heure... Est-ce que par hasard, le vieux ?... Ah ! mais j'y pense, si ce n'était qu'une frime, s'il n'était pas... ça s'est vu ces choses-là...

Faut que je fasse une épreuve. (*Elle va chercher du fil.*)

DUTROCHET. Vous me quittez ?

ZIZI. Je reviens, je reviens. (*A part.*) Ayons l'air de lui parler, mais sans dire un seul mot ; nous verrons quel effet ça lui fera. (*Criant.*) Monsieur... (*Elle se rapproche, fait une nouvelle révérence, et remue quelque temps les lèvres comme si elle lui parlait.*)

DUTROCHET, *pendant ce jeu.* Ah ! tu te moques de moi. Attends ! attends !

ZIZI, *criant après une pause.* Etes-vous de mon avis, monsieur ?

DUTROCHET. Certainement, tout ce que vous avez dit est si raisonnable.

ZIZI, *à part.* En v'là une bonne ! (*Elle recommence le même jeu.*) Et ça, qu'est-ce que vous en dites ?

DUTROCHET. Je dis que je ne sais pas si vous parlez aux autres comme à moi ; mais qu'il me paraît difficile que vous montriez souvent autant d'esprit.

ZIZI, *à part.* Imbécile !

DUTROCHET. Non, c'est vrai, il y a dans le choix de vos expressions, dans vos tournures de phrases, un je ne sais quoi qui fait qu'on vous comprend tout de suite... à demi-mot.

ZIZI, *à part.* Bon ! il a pris ma pantomime pour des demi-mots... Allons, c'est bien un vrai sourd... Ils sont tous les mêmes... ils veulent toujours faire croire qu'ils ne le sont pas... Mais vous l'êtes, mon bonhomme, vous l'êtes presque autant que vous êtes laid.

DUTROCHET, *faisant la grimace.* Plaît-il ?

ZIZI. Rien. (*Criant.*) Ainsi, vous êtes content de ma conversation ?

DUTROCHET. Comment donc ! enchanté !.. Au moins, ce n'est pas de vous qu'on dira que vous parlez... sans rien dire... Je suis fâché, tenez, qu'on ne nomme pas les femmes députés, je vous donnerais ma voix... car vous avez été très-éloquente là, tout à l'heure, et j'aimerais assez de temps en temps ce genre d'éloquence... à la chambre. Le fait est que c'est à peu près aussi clair que tout ce qu'on y dit, et beaucoup moins bruyant.

ZIZI. Ah ! c'est trop fort !

ENSEMBLE.

AIR : *Trouble extrême (Blanche et Blanchette)*

ZIZI.

Ah ! j'étouffe de colère !
Me condamner en ce jour
A passer une heure entière,
Tête à tête avec un sourd !

DUTROCHET,

Elle étouffe de colère,
Et moi, je ris à mon tour.
L'épreuve était bonne à faire ;
C'est amusant d'être sourd.

ZIZI, *retournant au comptoir*. Qu'est ce qui vient donc là ?... La petite Valérie... Ah bien, je vais joliment la recevoir !

SCÈNE XIII.

LES MÊMES, VALÉRIE.

VALÉRIE, *en entrant*. Bonjour, mademoiselle Zizi. Madame Lacour n'est pas là ?

ZIZI, *sèchement*. Non, mademoiselle Bertin.

DUTROCHET, *à part*. Mademoiselle Bertin.. Ah çà, toutes mes futures se sont donc donné rendez-vous ici... Eh ! eh ! elle est fort jolie la jeune personne, et ma foi. .

ZIZI. Est-ce que vous sortez seule, à présent, mademoiselle ?

VALÉRIE. Oh ! non ; ma bonne m'a amenée jusqu'à la porte, et puis elle m'a quittée, pour une emplette, parce qu'elle a dit que j'étais dans une maison sûre.

ZIZI. Et honnête, oui, mademoiselle, aussi honnête, pour le moin , que certaines maisons bourgeoises, dont les demoiselles...

VALÉRIE. Plaît-il ?

DUTROCHET. Bein ?

ZIZI. Rien. Vous veniez pour votre robe de bal, sans doute ? Elle n'est pas finie.

VALÉRIE. Ah ! tant mieux !

ZIZI. Tant mieux ?

VALÉRIE. Oui, parce qu'alors on pourra changer quelque chose.

ZIZI. Changer ! Soyez bien sûre, mademoiselle, qu'on n'ajoutera ni un pouce de ruban ni une fleur à ce qui a été commandé par votre mère.

VALÉRIE. Mais je ne veux pas qu'on ajoute ; au contraire, je veux qu'on retranche.

ZIZI. Ah ! bah !

VALÉRIE.

AIR : *Petit enfant* (de Quidarot).

Je n'eus jamais les goûts d'une coquette,
Je me sens mieux dans ma simplicité.
Pourquoi voudrais-je une riche toilette ?
Est-ce donc là qu'est la félicité ?
Je ne sais pas ce qui porte ma mère
A me donner ce prestige menteur,
Mais par l'éclat, moi, je ne veux pas plaire :
Qui m'aimera, m'aimera pour mon cœur.

DUTROCHET, *à part*. A la bonne heure, voilà des principes !

VALÉRIE. Vous entendez, mademoiselle Zizi, je désire que ma robe soit très-simple.

ZIZI. Oui, oui, je comprends. Vous n'avez plus besoin de vous mettre en frais de coquetterie, au fait, puisque vous êtes déjà sûre de votre prétendu.

VALÉRIE. Mon prétendu ? que voulez-vous dire ?

DUTROCHET, *à part*. Oui, que veut-elle dire ?

ZIZI. Oh ! il est inutile de dissimuler avec nous, mademoiselle ; nous le connaissons très bien votre prétendu.

VALÉRIE. Alors vous êtes plus avancée que moi ; car...

ZIZI. Car vous ne le connaissez pas , vous, probablement ?

VALÉRIE. C'est la vérité, mademoiselle.

ZIZI. Oui, et vous ne savez sans doute pas non plus qu'il est arrivé aujourd'hui à Carpentras.

VALÉRIE. Il est arrivé ?

ZIZI, *la contrefaisant*. Il est arrivé ? Comme c'est nature, hein ? Et vous ignorez aussi très-certainement qu'il doit aller ce soir au bal ?

VALÉRIE. Au bal !.. (*A part.*) Voilà donc pourquoi ma mère...

ZIZI. Au surplus, s'il faut croire ce qu'on en dit, on doit plutôt vous plaindre que vous féliciter de ce choix ; car c'est un triste sujet, à ce qu'il paraît, que ce prétendu-là : un sans cœur un...

DUTROCHET, *s'oubliant*. Ah ça, mais !.. Il me semble, mademoiselle, que vous négligez un peu mon jabot.

ZIZI, *criant*. Je m'y mets, monsieur, je m'y mets. (*A part.*) Un jabot à une tête comme ça ! si ça ne fait pas pitié ! (*Criant à son oreille*) On s'y met !

DUTROCHET. Pourquoi crier si fort ? Vous savez bien qu'avec moi c'est inutile.

ZIZI. C'est vrai, je n'y pensais plus... vieux pot fêlé, va ! (*Elle regagne le comptoir*)

DUTROCHET, *à part*. Qu'a donc cette fille ?

ZIZI. Il paraît que vot' bonne vous oublie, mamzelle Bertin.

VALÉRIE. En effet, je ne comprends pas.... (*Isidore paraît à la porte.*)

ZIZI, *à part*. Isidore !... C'était un rendez-vous, c'est clair. Ce sont pourtant des bourgeoises qui font ces choses-là, et on parlera des demoiselles de boutique !

SCÈNE XIV.

LES MÊMES, ISIDORE.

ISIDORE, *à part*. Valérie !

VALÉRIE, *à part*. Isidore !

ZIZI, *à part*. Voyez-vous l'coup de théâtre !

DUTROCHET, *à part*. On dirait que la petite a rougi.

ISIDORE, *se remettant*. Je n'espérais pas avoir l'honneur de vous rencontrer ici, mademoiselle.

ZIZI, *à part.* Il n'espérait pas !.. Très-joli.

VALÉRIE. Ni moi non plus, monsieur Isidore.

ZIZI, *à part.* Elle non plus !.. ça fait mal, ma parole d'honneur !

ISIDORE, *bas.* Il faut que je vous parle sans témoin.

ZIZI, *revenant.* Eh !...

ISIDORE. Quoi ?

ZIZI. Je croyais que vous m'aviez appelée.

ISIDORE. Moi, du tout... C'est-à-dire, si fait .. pour vous pr er d'aller prévenir Mme Lacour que j'apporte le ruban demandé pour mademoiselle Valé ie.

ZIZI, *à part.* C'est ça, les laisser seuls ! (*Haut.*) Vous n'êtes pas étranger dans la maison, monsieur ; vous pouvez bien faire votre commission vous-même.

DUTROCHET, *à part.* Ça devient intéressant.

ZIZI, *à part.* Pour un empire, je ne les perdrais pas de vue !

Mme LACOUR, *appelant dans la coulisse.* Zizi! Zizi ! montez vite ; j'ai besoin de vous.

ISIDORE, *avec joie.* Ah !...

ZIZI, *avec colère.* A l'autre à présent !... (*Criant à la porte de gauche.*) Mais je ne peux pas quitter la boutique, madame ; vous savez bien que je tiens le jabot de monsieur.

Mme LACOUR. Eh bi n ! apportez-le, on le finir a ici ; mais venez tout de suite.

ZIZI, *à part.* Quel ennui !... heureusement qu'il restera un témoin, et en ne leur disant pas qu'il est sourd, ça les tiendra un peu en respect.

Mme LACOUR, *très-haut.* Priez le monsieur sourd de prendre patience.

ZIZI. *furieuse.* Allons, bon !

ISIDORE. Comment? ce monsieur est sourd?

ZIZI, *aigrement.* Faut croire, puisqu'on vous le dit. (*Criant à l'oreille de Dutrochet.*) Madame vous prie de prendre patience.

DUTROCHET. Ça sera fait en conscience ? Oui, oui, je n'en doute pas.

ISIDORE. Il paraît qu'il est sourd à un point !...

ZIZI. C'e t pas vous qui vous en plaindrez, je pense. Ça gêne bien moins un témoin comme ça.

ISIDORE. Mademoiselle !

VALÉRIE. C'est une indignité !

ENSEMBLE.

Air : *C'est avoir du malheur!* (Saint-Sylvestre).

ZIZI.

Devant ce sourd maudit

Ils vont pouvoir, j'espère,
Se parler sans mystère.
J'étouffe de dépit !

ISIDORE.

Le destin nous sourit,
Et malgré sa colère,
Entre nous sans mystère
Bientôt tout sera dit.

VALÉRIE.

Que nous a-t-elle dit?
Et d'où vient sa colère?
Vraiment, de ce mystère
Mon cœur est interdit.

DUTROCHET.

Leur cœur est interdit;
Pourtant, bientôt, j'espère,
Devant moi, sans mystère,
Par eux tout sera dit.

Mme LACOUR, *sur la ritournelle.* Mais venez donc. Zizi !

ZIZI. Voilà, voilà, madame pressée ! (*Elle sort par la porte de gauche.*)

SCÈNE XV.

LES MÊMES, *moins* ZIZI.

ISIDORE. Ah ! enfin elle est partie ! J'ai bien des choses à vous dire, allez !

VALÉRIE. Et moi, donc !

ISIDORE. Quel bonheur que ce monsieur soit sourd !... Nous pourrons nous parler à cœur ouvert.

VALÉRIE. Oui, comme si nous étions seuls.

ISIDORE. A peu près.

DUTROCHET, *à part.* Pauvres enfants ! J'ai presque envie de m'en aller, et pourtant, ça me regarde beaucoup ce qu'ils ont à se dire.

ISIDORE. Vous allez au bal, mademoiselle !

VALÉRIE. Hélas ! oui.

ISIDORE. Comment hélas! Mais quand j'ai su que vous y alliez, je me suis fait inviter tout de suite, moi.

VALÉRIE. Ah ! vous y allez aussi ?... Ce sera une consolation... mais malheureusement, ça n'empêchera pas l'autre d'y être.

ISIDORE. Qui ça, l'autre ?

VALÉRIE. C'est...

DUTROCHET, *à part.* C'est moi qui suis l'autre, c'est clair.

ISIDORE. Eh bien, mademoiselle Valérie, vous avez parlé d'un autre ?

VALÉRIE. Ah ! monsieur Alfred, l'autre!...

ISIDORE. L'autre?...

DUTROCHET, *de son côté.* L'autre?...

VALÉRIE. Ah !...

ISIDORE. Vous soupirez... Ah ça, mais je n'y suis plus du tout... Qu'avez-vous donc ?

VALÉRIE. Si vous saviez... Nous sommes perdus !...

ISIDORE. Perdus! qui ça? Je n'entends pas bien... je deviens comme ce monsieur.

VALÉRIE. On veut me marier, Isidore!

ISIDORE. Eh bien, où est le mal si c'est à moi?

VALÉRIE. Oui, mais ce n'est pas à vous.

ISIDORE. Et à qui donc?

VALÉRIE. A un vieux propriétaire, qui a...

ISIDORE. Qu'est-ce qu'il a? des maisons?

VALÉRIE. Oui, d'abord... mais il cumule avec ça des asthmes, des catarrhes et des rhumatismes.

ISIDORE. Quelle horreur!

DUTROCHET, *à part.* Aye! aye! Allons, tout n'est pas profit dans le métier de sourd.

ISIDORE. Vous sacrifier ainsi!... Et pourquoi? Parce que ce vieux laid est très-riche sans doute?

VALÉRIE. Oh! oui, bien riche!... Mais qu'est-ce que ça me fait à moi? Est-ce que la richesse fait le bonheur?

ISIDORE. Non, certainement, ça ne le fait pas... surtout avec accompagnement de catarrhes et de rhumatismes!... Ainsi, voilà qui est décidé, vous refusez l'asthmatique?

VALÉRIE. Le refuser! le puis-je si mon père ordonne?

ISIDORE, *exaspéré.* Vous ne le refusez pas?... Vous ne le refusez pas? Valérie, prenez-y garde... Vous ne savez pas de quoi je suis capable!... Je ferai un mauvais coup, c'est sûr.. Gare à l'asthmatique!

DUTROCHET. Hein?

VALÉRIE. Isidore, Isidore, calmez-vous.

ISIDORE. Je ne peux pas... j'ai besoin de casser quelque chose.

VALÉRIE. Mais tout n'est peut-être pas encore désespéré.

ISIDORE. Comment! vrai?.. Ah! quel bonheur!... Valérie, ma Valérie!... (*Il veut l'embrasser.*)

VALÉRIE. Mais prenez donc garde, ce monsieur...

ISIDORE. Ah! bah! puisqu'il est sourd!

VALÉRIE. Oui, mais pas aveugle.

ISIDORE. C'est vrai... quel dommage!

DUTROCHET, *à part.* Merci... Hum! hum! hum!

ISIDORE. Tiens, il a un catarrhe aussi celui-là!

VALÉRIE. Pauvre homme!... ça fait bien souffrir, n'est-ce pas?

ISIDORE. Oui, les voisins, surtout. Venez par ici... Vous dites donc que tout n'est pas désespéré?

VALÉRIE. Sans doute; car enfin, je puis très-bien déplaire à mon prétendu.

ISIDORE. Vous, déplaire à quelqu'un! Est-ce que c'est possible?

VALÉRIE. Oh!... en y mettant un peu de soin...

ISIDORE. Je voudrais bien savoir comment vous vous y prendriez, par exemple.

DUTROCHET, *à part.* Moi aussi.

VALÉRIE. Écoutez donc... Mais j'ai toujours peur que ce monsieur ne soit pas assez sourd.

DUTROCHET, *à part.* Voyez-vous ça!

VALÉRIE. Voilà qu'il nous regarde encore par-dessus son journal... Tenez, montrez-moi des rubans... ça nous donnera une contenance plus convenable.

ISIDORE, *allant chercher un carton de rubans.*) Voilà, voilà!... Oh! que vous avez d'esprit!

DUTROCHET, *à part.* Je commence à croire qu'elle en a trop pour moi.

ISIDORE, *son carton sous le bras.* J'écoute.

VALÉRIE. Mais il faut au moins en dérouler un, pour la vraisemblance.

ISIDORE. C'est juste. (*Il déroule un bout de ruban sur le bord du carton qu'il tient ouvert à la main.*) Voilà.

DUTROCHET, *à part.* Ils sont très-amusants!

VALÉRIE. C'est ce soir pour la première fois, au bal de la sous-préfecture que je dois voir...

ISIDORE. Le vieux catarrheux?

VALÉRIE. Oui.

DUTROCHET. Hum! hum! hum!

VALÉRIE. Déroulez, déroulez.

ISIDORE. Voilà. (*Il déroule un second ruban.*)

VALÉRIE. Ma mère a commandé pour moi, ici, chez la meilleure faiseuse, une robe charmante...

ISIDORE. Quelle horreur!

VALÉRIE. Mais soyez tranquille, j'y ferai deux ou trois faux plis dans le dos, et je lacerai mon corset de travers, pour avoir l'air contrefaite.

ISIDORE. Oui, c'est ça, un peu bossue... Oh! que je vous aimerai ainsi!... Et comme je vous embrasserais, s'il était aveugle!

DUTROCHET. Hum! hum! hum!

VALÉRIE. Déroulez donc.

ISIDORE. Voilà. (*Il déroule un troisième ruban.*) Mais une petite bosse, ça ne sera peut-être pas assez.

VALÉRIE. Vous croyez?... Eh bien, j'y ajouterai de la gaucherie, je boiterai même un peu, s'il le faut... Cela suffira-t-il?

ISIDORE. Heu!... Il y a des gens si difficiles, qu'une bosse et une jambe courte ne sont à leurs yeux qu'une bagatelle, que le moral peut compenser.

VALÉRIE. Au fait, on lui aura, peut-être dit qu je suis douce, aimable, spirituelle...

ISIDORE. Parbleu! si on lui a dit!... Il y a de si mauvaises langues!

VALÉRIE. Eh bien, je serai brusque, maussade, et je ferai ma petite mine toute la soirée.

DUTROCHET, à part. Elle est gentille à croquer!

VALÉRIE, examinant un ruban. Et maintenant, monsieur, croyez-vous encore que je lui plairai?

ISIDORE. Dame!... Enfin, supposons que, malgré tout, l'asthmatique s'entête; que ferez-vous alors?

VALÉRIE. Hélas! alors je n'aurai plus qu'à obéir.

ISIDORE, laissant tomber son carton. Obéir!...

VALÉRIE. Que faites-vous?

ISIDORE, ramassant les rubans qui ont roulé de tous côtés. Pardon! pardon!

DUTROCHET, à part. Elle lui disait bien de dérouler; mais il y met de l'exagération.

ISIDORE, ramassant toujours. C'est que la tête n'y est plus, voyez-vous!... Je deviens comme fou, quand je pense que cet animal-là!..

DUTROCHET. Hein?

ISIDORE, reportant son carton sur la table. Pour plus de sûreté, au surplus, je m'arrangerai pour le voir avant vous... Je le regarderai en fa et je lui pousserai le coude! je lui marcherai sur le pied! et s'il n'est pas content...

VALÉRIE. Mais bien sûr, il ne le sera pas.

DUTROCHET, à part. Au fait.

ISIDORE. Eh b'en, alors nous nous battrons et je le tuerai!

DUTROCHET, à part. Peste! comme il y va!

SCÈNE XVI.

LES MÊMES, ZIZI, GATINEAU.

ZIZI, entrant par la gauche. Vous le tuerez! Et qui donc ça, monsieur?

GATINEAU, à la porte du fond. Qui est-ce qui parle de tuer quelqu'un ici?

ZIZI. Qui?... vot' monsieur Isidore.

ISIDORE. Moi?.. par exemple! je montrais des rubans à mademoiselle.

ZIZI. Des rubans? C'mme c'est bien trouvé!

GATINEAU. Dame! dans sa partie, c'est ce qu'il pouvait trouver de mieux, pour le moment. (Bas à Dutrochet.) Eh bien, t'es-tu amusé?

DUTROCHET, de même. Beaucoup.

GATINEAU. Quand je te le disais!

ZIZI, à Isidore. Ainsi, vous osez soutenir que vous n'avez pas parlé de tuer quelqu'un?

ISIDORE. Certainement, je le soutiens. (A Valérie.) Est-ce que j'ai parlé de tuer quelqu'un, mademoiselle?

VALÉRIE. Je n'ai pas entendu, monsieur.

ZIZI. Ah! sans doute, vous étiez si près... au lieu que moi qui étais loin, j'ai pu entendre.

GATINEAU. Pas mal, pas mal.

ISIDORE, à Dutrochet. Est-ce que monsieur a entendu? (Dutrochet va répondre, Gatineau le pince.)

ZIZI. Demander ça à un sourd, en v'là d'l'effronterie!... Au surplus, moi, ça n'me r'garde pas.

GATINEAU. Pardieu!

ZIZI. Ce n'est qu'à cause des convenances...

GATINEAU. C'est évident!

ZIZI. Parce que, quoiqu'on n' soit qu'une simple fille de boutique, sans dot, on serait fâchée d'être compromise par les esclandres des riches demoiselles qui nous dédaignent.

VALÉRIE. Comment des esclandres!

ISIDORE. Taisez-vous, Zizi, taisez-vous, ou!...

ZIZI. Ou quoi?

GATINEAU. Ou il parle, c'est clair.

ZIZI. Qu'entendez-vous par là?

GATINEAU. Moi? rien... et vous?

ZIZI. Oh! quelle pe te!

VALÉRIE. Je vais aller me plaindre à Mme Lacour de vos insultes, mademoiselle.

ZIZI. Oui, c'est ça, et M. Isidore aussi, pour ne pas vous quitter.

ISIDORE. Finissez, Zizi, finissez!

GATINEAU. Finis donc, imprudente!

ENSEMBLE.

Air de Wallace.

ZIZI.

Ah! c'est d'une impudence!
Quel scandale, et pourtant
Ça jouera l'innocence
Jusqu'au dernier moment!
Ah! c'est vraiment
Trop impudent! } bis.

GATINEAU.

Zizi, pas d'imprudence!
De cette belle enfant
Respectez l'inocence,
Surtout en ce moment.
Ah! c'est vraiment
Très-amusant! } bis.

ISIDORE et VALÉRIE.

De tant d'impertinence
Ici, dans un instant,
Nous obtiendrons, je pense,
Le juste châtiment!
Ah! c'est vraiment
Trop impudent! } bis.

DUTROCHET.

Ayons de l'indulgence
Pour cette chère enfant !
Grâce à son imprudence,
Je suis tout maintenant.
        Vraiment, vraiment ?
        J'en suis content !   } bis.

Zizi va au comptoir, et bouleverse tout pour chercher du satin noir. Isidore et Valérie sortent par la gauche.

SCÈNE XVII.

ZIZI, GATINEAU, DUTROCHET.

GATINEAU, *à Dutrochet.* J'espère que voilà une scène ! c'est ta cravate qui en pâtira... les ourlés seront tout de travers... Vois donc, vois donc, elle casse sa soie à chaque point... c'est charmant !... Je vais la calmer.

DUTROCHET. Au fait, tu t'en acquittes si bien !

GATINEAU. N'est-ce pas ? Je suis né pour la conciliation, moi, je devrais être juge de paix... Tu vas voir. (*Il va s'installer dans le comptoir, près de Zizi, et cause bas avec elle.*)

DUTROCHET, *à part.* Allons, voilà mon choix un peu restreint : qui de trois ôte deux reste une. La belle veuve et la jeune innocente sont hors de concours ; reste la vieille fille noble, pieuse et charmante... Après tout, c'est plus sûr et plus conforme à mon âge. (*En ce moment Zizi donne un soufflet à Gatineau.*) Bon ! voilà le calmant qui opère !

GATINEAU. Qu'est-ce que c'est que ça ?

ZIZI. Comment, qu'est-ce que c'est ? Voulez-vous qu' je r'commence ?

GATINEAU. Zizi, vous sortez des bornes !

ZIZI. C'est pour vous y faire rentrer, vilain être !

GATINEAU. Suffit, suffit... finissez votre cravate... vous me payerez ça plus tard... Eh ! mais, eh ! mais, je ne me trompe pas... c'est bien mademoiselle Desgraviers qui vient ici.

ZIZI, *regardant.* Ma cousine ?

GATINEAU, *à part.* Ah ! tu l'appelles encore ta cousine... très bien ! j'aurai ma revanche.

DUTROCHET, *ouvrant son agenda.* Mademoiselle Desgraviers, ce nom... mais oui, ma troisième... C'est donc une gageure !

GATINEAU, *bas à Dutrochet.* Je t'annonce la première vertu de l'endroit, mon cher ami... Il paraît que la pauvre fille a eu, dans le temps, une aventure un peu scabreuse avec un capitaine de dragons... Si bien, que depuis, pour faire tomber les propos, elle s'est vouée au noir et à l'eau bénite.

DUTROCHET. Vraiment ?

GATINEAU. Attention ! la voilà !

SCÈNE XVIII.

LES MÊMES, Mlle DESGRAVIERS.

(Elle porte une robe feuille morte, un chapeau gris avec un voile et un mantelet de dentelle noire. Tenue de bigote, parlant avec componction et les yeux baissés.)

Mlle DESGRAVIERS, *à un laquais qui s'arrête à la porte.* Portez mon livre d'heures à la paroisse. Vous direz à M. le marguillier Girard que j'y serai pour vêpres.

GATINEAU, *à Dutrochet.* Tiens, elle a quitté le noir... qu'est-ce que ça signifie ?

Mlle DESGRAVIERS, *entrant sans regarder Zizi.* Mme Lacour n'y est pas ?

ZIZI, *à part.* Voyez un peu si elle me saluera !

GATINEAU. Madame Lacour est là haut, mademoiselle.

Mlle DESGRAVIERS, *le reconnaissant.* Ah ! monsieur Gatineau..... (*Elle lui fait une grande révérence.*)

GATINEAU. Moi-même, mademoiselle... enchanté de voir que vous avez enfin renoncé à ce deuil obstiné, qui semblait nous annoncer votre retraite au mois de... Est-ce que par là ami ?...

Mlle DESGRAVIERS, *minaudant.* Monsieur Gatineau !... Eh bien, oui... je puis vous dire en confidence... mais passons de ce côté... (*apercevant Dutrochet.*) Quel est cet homme ?

DUTROCHET, *à part.* Cet homme !

GATINEAU. Cet homme ?... c'est un de mes amis... Ne faites pas attention... il est sourd comme un sabot.

Mlle DESGRAVIERS. Vraiment ?... Eh bien, ce n'est peut-être pas pour lui un si grand malheur !... Il y a souvent, en effet, plus à perdre qu'à gagner à bien entendre dans ce siècle de perdition, où il se débite tant d'impuretés et de médisances !

GATINEAU. A qui le dites-vous ?

DUTROCHET, *à part.* A qui le dit-elle ?

GATINEAU. Revenons à votre confidence.

Mlle DESGRAVIERS. Vous le voulez ? Eh bien, monsieur Gatineau, quoi qu'il puisse en coûter à ma pudeur, apprenez donc que la volonté de ma famille, toujours sacrée pour moi, et les conseils de mon respectable ami, M. le marguillier Girard...

GATINEAU, *à part.* Hein ?

Mlle DESGRAVIERS. M'ont enfin décidée à consommer le sacrifice !... Ah !

GATINEAU, *bas à Dutrochet.* C'était donc

une de tes trois?... Attends, attends, je vais te la montrer dans sa pureté native. (*Haut.*) Aussi, mademoiselle, vous vous mariez?..... Et vous appelez cela un sacrifice?

Mlle DESGRAVIERS. N'en est-ce donc pas un? Tout entière, jusqu'à ce jour, à de pieuses et chastes pensées, vous concevez quelle épouvante a dû causer à mon âme virginale la seule idée de cohabiter avec...

GATINEAU. Avec?...

Mlle DESGRAVIERS. Avec... une personne... de l'autre sexe.

GATINEAU, *bas à Dutrochet.* Ah çà, de quel sexe était donc le dragon? (*Haut.*) Je vous félicite, mademoiselle, et encore plus l'heureux mortel à qui vous allez courageusement offrir, en holocauste, une vertu aussi....

Mlle DESGRAVIERS. Aussi?...

GATINEAU. Je cherche le mot décent... aussi, aussi...

Mlle DESGRAVIERS. L'avez-vous trouvé, monsieur?

GATINEAU. Voulez-vous que je dise : aussi chatouilleuse, mademoiselle?

Mlle DESGRAVIERS. Monsieur!...

GATINEAU. Eh bien! non, tenez, ne disons pas le mot; ce sera plus prudent.

Mlle DESGRAVIERS, *avec un soupir.* Le fait est que je suis encore si timorée!

GATINEAU. C'est bien pour ça. (*Bas à Dutrochet.*) Quelle chipie! hein?

Mlle DESGRAVIERS, *à Zizi.* Est-ce qu'on n'a pas prévenu madame Lacour que j'étais là?

ZIZI. Il n'y a pas besoin de la déranger, mademoiselle.

Mlle DESGRAVIERS. Comment?

ZIZI. Si vous ne voulez que votre toque, je puis vous la remettre.

Mlle DESGRAVIERS. Soit.... Eh bien! petite, montrez-la-moi, cette toque.

ZIZI, *à part, allant chercher la toque.* Petite!.. heu!.. ça finira mal!... (*Apportant la toque.*) Voilà, mademoiselle.

Mlle DESGRAVIERS, *quittant peu à peu son air composé.* C'est ma toque que je vous ai demandée, ma chère?

GATINEAU. C'est la toque que mademoiselle vous a demandée, sa chère.

ZIZI. Eh bien! la voilà.

Mlle DESGRAVIERS. Ça?

GATINEAU. Ça?

ZIZI. Oui, ça.

Mlle DESGRAVIERS. Mais c'est un pouff de ma grand'mère.

ZIZI. Un pouff?

GATINEAU. Franchement, ça y ressemble un peu. (*A part.*) Quiss! quiss!

Mlle DESGRAVIERS. D'abord je ne reconnais pas mon étoffe.

ZIZI. Par exemple!... croyez-vous donc que nous soyons capables?...

Mlle DESGRAVIERS. Je ne sais pas de quoi vous êtes capables; mais ce que je sais, c'est que mon satin était un satin fort, et que celui-ci est une pelure d'oignon; que le mien était blanc mat et que le vôtre est bleu. — Tenez, j'en fais juge monsieur Gatineau.

GATINEAU. Je suis forcé de convenir que c'est bleu. (*Bas à Dutrochet.*) Ça chauffe! ça chauffe!

ZIZI. Blanc ou bleu, vous l'avez apporté comme ça. Nous ne l'avons pas envoyé chez le teinturier, peut-être!

Mlle DESGRAVIERS, *à Gatineau.* Vous entendez comme on nous répond maintenant. Voilà les fruits de votre belle révolution, les voilà!.. Au surplus, quand ce serait mon satin, c'est fait en dépit du bon sens... Fi donc! petite! fi donc! Je ne mettrai jamais une guenille pareille!

ZIZI. Petite, encore!... ah çà, mais, à la fin!...

GATINEAU. Zizi, Zizi, n'oubliez pas le respect dû au rang de mademoiselle.

ZIZI. A son rang!... si vous disiez à son âge encore, à la bonne heure.

Mlle DESGRAVIERS. Hein? qu'osez-vous dire de mon âge, mademoiselle?

ZIZI. Je dis qu'il est très-respectable.

Mlle DESGRAVIERS. Insolente!

ZIZI. Insolente!... ah! c'est trop fort!... Laquelle de nous deux?

GATINEAU. Allons, allons, Zizi, ce n'est pas une raison, parce que mademoiselle est votre cousine...

Mlle DESGRAVIERS. Cousine!... cousine de qui, cousine de quoi, s'il vous plaît?

GATINEAU. Permettez; ce n'est pas moi qui le dis; c'est elle qui le répète tous les jours à qui veut l'entendre. (*A part.*) Quiss! quiss!

Mlle DESGRAVIERS. Quelle indignité!

ZIZI. Tiens, la vérité est donc indigne à présent?.. c'est drôle.

Mlle DESGRAVIERS. Ne la croyez pas, monsieur, ne la croyez pas!

GATINEAU. Parbleu!... je ne la crois pas non plus, quand elle ajoute que le nom de Desgraviers, que vous portez, est tout bonnement celui d'une petite ferme que M. votre père, qui vendait autrefois des parapluies avec le sien...

Mlle DESGRAVIERS. Des parapluies!... oh! mes nerfs! mes nerfs!

GATINEAU. A achetée, après avoir fait fortune dans les fournitures.

Mlle DESGRAVIERS. C'est une affreuse calomnie! Mon père a gagné sa noblesse sur le champ de bataille: c'était un brave militaire.

ZIZI. Qui ça? Loureux l'aîné? Laisse donc, pur riz-pain-sel!

Mlle DESGRAVIERS, *la menaçant de son éventail.* Malheureuse!

ZIZI. Plaît-il?.. Ne touchez pas!...

GATINEAU. Mademoiselle!... Zizi!.. Zizi!.. Mademoiselle!.. (*A part.*) Quiss! quiss!...

Mlle DESGRAVIERS.

Air *du duo de la Fausse Magie.* (Bossue, Gymnase.)

Oser nier ma noblesse!
Cette insolente drôlesse
A-t-elle perdu le sens!
ZIZI.
Laissez donc votre noblesse,
Vot' prudence et vot' sagesse,
Tout est faux comme vos dents!
Mlle DESGRAVIERS.
Quelle horreur!
GATINEAU.
Fi! l'indiscrète!
Mlle DESGRAVIERS.
A suffoquer je suis prête!
GATINEAU, *à Dutrochet.*
Ah! que je rirais morbleu!
De ce charmant tête-à-tête,
Si pour compléter la fête
Elles se battaient un peu!
Quiss quiss!
ENSEMBLE.
Mlle DESGRAVIERS.
Ah! quel outrage! (*ter.*)
ZIZI.
Comme elle enrage! (*ter.*)
DUTROCHET.
Dieu! quel tapage! (*ter.*)
GATINEAU.
Quel bel orage! (*ter.*)
ZIZI.
Elle suffoque de rage!
Moi j'en ris de bon cœur!
Cette pécore
M'insulte encore!
Ah! je l'abhorre!
Elle suffoque de rage!
Ah! j'en ris de bon cœur.
GATINEAU.
Ah! le magnifique orage!
C'est très-beau, sur mon honneur!
Mlle DESGRAVIERS.
Vous paierez cet outrage!
J'en réponds sur mon honneur!
Quoi! la pécore

Me nargue encore!
Ah! je l'abhorre!
Subir un pareil outrage!
J'en suffoque! Ah! quelle horreur!
DUTROCHET.
Quel tapage! et quelle rage,
Elles sont folles, d'honneur!
Mme LACOUR *et* LES AUTRES DEMOISELLES, *paraissant à la porte de gauche.*
Pourquoi donc tout ce tapage?
C'est un scandale, une horreur!

SCÈNE XIX.

LES MÊMES, Mme LACOUR, VALÉRIE, ISIDORE, LES DEMOISELLES. (*A la fin du morceau, mademoiselle Desgraviers tombe en syncope sur les genoux et dans les bras de Dutrochet, qui la soulève péniblement et la place sur le fauteuil.*)

GATINEAU, *lui frappant dans la main.* De l'eau! de l'eau! de l'eau!.. (*à Dutrochet.*) Qu'elle est belle, les yeux fermés, hein?

DUTROCHET. Laisse-moi donc tranquille.

GATINEAU. J'ai envie de la délacer.

Mlle DESGRAVIERS, *se levant brusquement.* Monsieur!..

Mme LACOUR. M'expliquera-t-on enfin ce que tout cela signifie?

Mlle DESGRAVIERS, *d'une voix entrecoupée.* Madame... c'est votre fille de boutique, qui... Ah! j'étouffe!... Laissez-moi me remettre. (*Elle retombe sur le fauteuil.*)

ZIZI. Se remettre! se remettre!... quand c'est elle....

Mme LACOUR. Taisez-vous. (*A mademoiselle Desgraviers.*) Expliquez-vous, mademoiselle.

DUTROCHET, *bas à Gatineau.* Ah çà, mais j'en ai assez, moi.

GATINEAU. Permettez, madame Lacour, permettez... avant l'enquête, mon ami, le pauvre sourd, voudrait bien avoir sa cravate et son jabot.

Mme LACOUR. C'est juste, Zizi!...

ZIZI. Je n'ai plus qu'un point à y faire, madame... Comment faut-il marquer la cravate?

GATINEAU. Un J et un D: Jérôme Dutrochet.

Mme LACOUR, Mlle DESGRAVIERS *et* VALÉRIE. Monsieur Dutrochet! (*A ce nom mademoiselle Desgraviers s'est levée de nouveau.*)

Mlle DESGRAVIERS. Mais monsieur Girard ne m'avait pas dit qu'il fût sourd.

Mme LACOUR. Ni à moi.

VALÉRIE. Ni à moi.

GATINEAU, *bas à Dutrochet.* Toutes tes prétendues ici... c'est parfait !

Mme LACOUR, *criant.* Nous espérons avoir le plaisir de revoir monsieur au bal de la sous-préfecture.

Mlle DESGRAVIERS, *de même.* Nous espérons cet honneur !

DUTROCHET. Mon dessein était d'y aller, en effet; mais de nouvelles réflexions m'ont fait changer de projet.

Mme LACOUR *et* Mlle DESGRAVIERS. Comment ?

VALÉRIE. Quel bonheur !

DUTROCHET, *à mademoiselle Desgraviers.* Oui, je craindrais d'y effaroucher la pudeur de quelque sainte fille, qui ne verrait qu'un pénible sacrifice dans la cohabitation avec... une cronne... de l'autre sexe.

Mlle DESGRAVIERS. Qu'entends-je ? (*A Gatineau.*) Comment a-t-il su ?...

GATINEAU. C'est Zizi, sans doute.

Mlle DESGRAVIERS. Oh ! la méchante fille !

DUTROCHET, *à madame Lacour.* Je pourrais y être exposé aussi aux séductions de quelque charmante veuve, qui ne verrait dans un mari de ma sorte qu'un caissier, un porte-respect....

Mme LACOUR. Monsieur... (*A Gatineau.*) Qui donc a pu lui dire ?..

GATINEAU. Je ne vois que Zizi.

Mme LACOUR. Je la chasserai.

DUTROCHET, *se tournant vers Valérie et Isidore.* Enfin, un plus grand danger m'y attendrait encore peut-être. Ne pourrais-je pas y rencontrer, par exemple, auprès d'une jolie petite bossue, bien gauche, bien maussade....

VALÉRIE. Aïe ! aïe !

DUTROCHET. Quelque jeune fou bien amoureux, qui me marcherait sur le pied, et me tuerait ensuite, par forme de réparation ?

ZIZI, *qui revient avec le jabot et la cravate dans un papier.* Là, j'étais bien sûre qu'il voulait tuer quelqu'un. (*Criant à Dutrochet.*) Tenez, monsieur, voilà vot' cravate et vot' jabot.

DUTROCHET, *lui tapant sur la joue.* Ah ! enfin !.. Eh bien, espiègle, me trouvez-vous toujours l'air aussi idiot ?

ZIZI. Hein ? Comment ?... Ah ! madame, trahison ! il n'est pas sourd.

TOUTES. Il n'est pas sourd.

DUTROCHET. Non, mesdames, non. J'ai bien quelques autres infirmités; mais pour celle-là, je dois convenir que c'est Gatineau seul qui m'en a gratifié.

TOUTES. Ah ! monsieur Gatineau !

DUTROCHET. Je vous le livre.

GATINEAU. C'est ça... rendez donc service à un ami !

DUTROCHET. Grâce à son idée, au lieu d'aller au bal, je remonterai tout bonnement en diligence, et au lieu d'une femme je n'emporterai de Carpentras qu'un cravate et un jabot.

GATINEAU. Je te conseille de te plaindre !

DUTROCHET. Je ne me plains pas.

Mme LACOUR. Mais c'est une infamie !

Mlle DESGRAVIERS. Un guet-apens !

ZIZI. Exposer des femmes....

GATINEAU. A dire ce qu'elles pensent !... ça ne s'est jamais vu, c'est vrai.

ZIZI. Allez, vous n'êtes qu'un manant !

Mme LACOUR. Un fourbe !

Mlle DESGRAVIERS. Un révolutionnaire ! un clubiste !

VALÉRIE. Un bien brave homme !

Mme LACOUR. Et nous ne trouverons pas un moyen de nous venger de cet être-là ?

ZIZI. Attendez.. si, il y en a un, et je m'en charge.

TOUT LE MONDE. Comment ?

ZIZI. Je l'épouse.

GATINEAU. Ah par exemple, si vous ne comptez que là-dessus !...

ZIZI, *le tirant à l'écart.* Un mot, monsieur, s'il vous plaît. Le directeur général de votre administration est très-chatouilleux sur les mœurs, n'est-ce pas ?

GATINEAU. Un vrai porc-épic ! mais qu'est-ce que ça me fait ?

ZIZI. Et que pourrait dire ce porc-épic, s'il lisait un de ces jours, dans le journal du département, certains petits vers, passablement décolletés, et une promesse en bonne forme, adressés par un vieux libertin à une innocente jeune fille, pour la séduire, le tout signé Chrissotôme Gatineau, en toutes lettres?

GATINEAU. Ta ! ta ! ta ! puisque vous en avez allumé votre feu....

ZIZI. Quand j'ai dit mon feu, ce n'était qu'au moral, gros monstre !

GATINEAU. Vous les avez gardés ?

ZIZI, *les montrant.* Comme des reliques sur mon cœur !.. Et je ne les brûlerai qu'après le conjungo.

GATINEAU. Allons, je suis battu : je me rends.

ZIZI. J'en étais sûre ! (*Haut.*) Monsieur entend la raison, mesdames.

GATINEAU. Oui, mesdames, oui, je m'immole à la paix générale !.. Mais pour prix de mon sacrifice, et dans l'intérêt de tout le monde, il faut nous jurer mutuellement une discrétion absolue sur tout ce qui s'est passé ici. Jurez-vous?

TOUTES, *étendant la main.* Oui.

ZIZI. Moi, je ne jure pas... parce que c'est contraire à ma constitution.

GATINEAU. Absolument comme moi : touchant accord !

EMSEMBLE.

AIR *Vaud. d'Encore un préjugé.*

GATINEAU.

Gardez bien le secret,
Oui, jurez ici de vous taire,
Sans quoi la ville entière
A vos dépens demain rirait!

ISIDORE, Mme LACOUR, Mlle DESGRAVIERS, et LES AUTRES DEMOILELLES.

Gardons bien le secret ;
Oui, jurons de nous taire,
Sans quoi la ville entière
A nos/vos dépens demain rirait.

ZIZI, *au public.*

Messieurs, si cet ouvrage
Ne vous paraît pas trop mal fait,
Sans façon, j' vous engage
A dir' tout haut qu'il est parfait.

GATINEAU, *parlé.* Quelle intrigante !

VALÉRIE.

Mais pour peu qu'il paraisse
A vos yeux d'un médiocre aloi,
Si vous trouvez la pièce
Plus innocente enfin que moi,
Gardez-nous le secret ;
Et demain un nouveau parterre
Voudra bien, je l'espère,
Comme vous se montrer discret.

GATINEAU, *parlé.* Oui, compte là-dessus !

ENSEMBLE GÉNÉRAL.

Gardez-nous le secret, etc.

FIN.

Paris.—Typographie Doudey-Dupré, rue Saint-Louis 46 , au Marais.

MADEMOISELLE DE LA PAILLE, drame en 5 actes.
MAITRE D'ÉCOLE (le), comédie-vaudeville 2 a.
MÉMOIRES DU DIABLE (les), c. v. en 5 actes.
LE MARCHÉ DE SAINT-PIERRE, idem.
MARGUERITE FONTIER, idem.
LES MILLE ET UNE NUITS, féerie 3 actes 16 tabl.
MEUNIÈRE DE MARLY (la), c.-v., en 1 acte.
MONSIEUR LAFLEUR.
LE NAUFRAGE DE LA MÉDUSE, drame en 5 actes.
NAPOLÉON BONAPARTE, drame en 6 actes, par
   Alex. Dumas.
LA NONNE SANGLANTE, drame en 5 actes.
L'OFFICIER BLEU, drame en 5 actes.
LES ORPHELINS D'ANVERS, idem.
L'OUVRIER, drame en 5 actes, par Fréd. Soulié.
LE PAYSAN DES ALPES, drame en 5 actes.
PAUL JONES, drame 3 actes, par Alex. Dumas.
PAUVRE MÈRE, [illegible]
PÈRE TURLUTUTU (le).
1res ARMES DE RICHELIEU (les), c.-v. en 5 actes.
LE PROSCRIT, drame en 5 a., par Fréd. Soulié.
PAUL ET VIRGINIE, drame en 5 actes.
PARIS LA NUIT, idem.
PAMÉLA GIRAUD, drame en 5 actes, par Balzac
PAUVRE FILLE, idem.
PARIS LE BOHÉMIEN, idem.
PASCAL ET CHAMBORD, comédie-vaud. en 2 actes
LA PEAU DE CHAGRIN, d[illegible]
LA PENSIONNAIRE MARIÉE, vaud. [illegible] Scribe
LE PERRUQUIER DE L'EMPEREUR, [illegible]
PIERRE [illegible], comédie-vaud. en 5 actes.
LES PILULES DE [illegible], féerie en [illegible] tabl.
LES PETITES MISÈRES DE LA VIE HUMAINE, vau-
   deville en 4 actes
LE PRINCE EUGÈNE ET L'IMPÉRATRICE JOSÉ-
   PHINE, drame en 10 tableaux.

LES PRUSSIENS EN LORRAINE, drame en 5 act.
86 MOINS 1.
QUI SE RESSEMBLE SE GÊNE, vaudev. en 1 acte.
QUAND L'AMOUR S'EN VA, vaudev. en 1 acte.
RENAUDIN DE CAEN, comédie en 2 actes.
RICHE ET PAUVRE, drame en 5 actes, par Emile
   Souvestre
RITA L'ESPAGNOLE, drame 5 actes.
ROMÉO ET JULIETTE, par Frédéric Soulié.
LA SALPÊTRIÈRE, drame en 5 actes.
SERVANTE [illegible] (la).
STELLA, ou la Forteresse du Mont des Géants,
   drame en 5 actes.
SANS [illegible], vaudeville en 1 acte.
LES [illegible], féerie en [illegible] act.
LA SŒUR DE [illegible], drame en 5 actes, par
   [illegible]
LES SEPT [illegible], drame en 5 actes.
LA SŒUR [illegible], en [illegible] acte.
[illegible]
[illegible]
[illegible]
LE [illegible] DE LA MARTINIQUE,
   [illegible]
[illegible]
[illegible]
[illegible]
[illegible]
[illegible]
[illegible]
[illegible]
[illegible]
[illegible]

CHEFS-D'ŒUVRE DU THÉÂTRE FRANÇAIS, À 25 CENTIMES.

ATHALIE, tragédie en 5 actes.
ANDROMAQUE, tragédie en 5 actes.
L'AVARE, comédie en 5 actes.
LE BARBIER DE SÉVILLE, comédie en 4 actes.
BRITANNICUS, tragédie en 5 actes.
CINNA, tragédie en 5 actes.
LE CID, tragédie en 5 actes.
LE DÉPIT AMOUREUX, comédie en 2 actes.
L'ÉCOLE DES FEMMES, comédie en 5 actes
LES FOLIES AMOUREUSES, comédie en 3 actes.
HAMLET, tragédie en 5 actes.
LES HORACES, tragédie en 5 actes.
IPHIGÉNIE EN AULIDE, tragédie en 5 actes.

LE MARIAGE DE FIGARO, comédie en 5 actes.
MAHOMET, tragédie en 5 actes.
LE JOUEUR, comédie en 5 actes.
LE MISANTHROPE, comédie en 5 actes.
LA MÈRE COUPABLE, comédie en 3 actes.
MÉROPE, tragédie en 5 actes.
LA MÉTROMANIE, comédie en 5 actes.
LE MALADE IMAGINAIRE, comédie en 3 actes.
ŒDIPE, tragédie en 5 actes.
PHÈDRE, tragédie en 5 actes.
POLYEUCTE, tragédie en 5 actes.
LE TARTUFFE, comédie en 5 actes.
ZAÏRE, tragédie en 5 actes

Pièces nouvelles.

A 50 CENTIMES.

LE CHEVALIER D'HARMENTAL, drame en 5 actes, par Alex. Dumas et Auguste Maquet.

LA GUERRE DES FEMMES, dr. 5 actes, *idem.*

LE CONNÉTABLE DE BOURBON, drame en 5 actes.

LE COMTE HERMANN, dr. 5 actes, Alex. Dumas.

LE MOULIN DES TILLEULS, op.-com. en 1 acte.

BLANCHE ET BLANCHETTE, dr.-vaud. en 5 actes.

LES CHERCHEURS D'OR, drame en 5 actes.

LE PIED DE MOUTON, féerie.

BONAPARTE OU LES PREMIÈRES PAGES D'UNE GRANDE HISTOIRE, en 5 actes.

LES QUATRE COINS DE PARIS, vaud. en 4 actes.

CAMILLE DESMOULINS, drame en 5 actes.

URBAIN GRANDIER, drame en 5 actes, par MM. Alex. Dumas et Aug. Maquet.

MONCK, ou le Sauveur de l'Angleterre, 5 actes.

DEUX ANGES OU MÈRE ET FILLE, c.-v. en 3 a.

LES CHEVALIERS DU LANSQUENET, dr. 5 actes.

LA MISÈRE, drame en 5 actes.

MAURICE ET MADELEINE, c.-v. en 3 actes.

PAULINE, drame en 5 actes.

BADIGEON Ier, vaudeville en 2 actes.

PRUNEAU DE TOURS, vaudeville en 1 acte.

A 25 CENTIMES.

LA VIE DE NAPOLÉON, récit en un acte.

LA DERNIÈRE NUIT D'ANDRÉ CHÉNIER, monologue en un acte.

UNE VISION DU TASSE, monologue 1 acte en vers.

JEANNE D'ARC EN PRISON, monologue.

LE CONGRÈS DE LA PAIX, vaudeville en 1 acte.

LE TREMBLEUR, comédie-vaudeville en 2 actes.

LA MORT DE GILBERT, monologue en vers.

UNE MAUVAISE NUIT EST BIENTOT PASSÉ comédie-proverbe.

UNE BONNE FILLE, comédie-vaudeville en 1 acte.

LA FACTION DE M. LE CURÉ, vaudev. en 1 acte.

LA CHUTE DES FEUILLES, proverbe en 1 acte.

LE CACHEMIRE VERT, 1 acte, Alex. Dumas, e Eugène Nus.

LA CUISINIÈRE BOURGEOISE, vaudeville en 2 actes.

CAMILLE DESMOULINS, monologue dramatique.

LES CHERCHEUSES D'OR, folie-vaudeville.

AH! QUE LES PLAISIRS SONT DOUX! vaudeville.

L'AUBERGE DE SCHAWASBACH, pièce en 1 acte, par M. Alex. Dumas.

CHATTERTON, monologue.

LE ROSSIGNOL DES SALONS, vaudeville en 1 acte.

HORACE ET LYDIE, comédie de PONSARD, jouée par Mlle Rachel. Prix, 1 fr. 50.

FRANÇOIS LE CHAMPI, comédie en 3 actes, en prose, par Mme GEORGES SAND. Prix, 1 fr. 50 c.

CHEZ LE MÊME ÉDITEUR.

Shakspeare. OEuvres complètes, traduction de BENJAMIN LAROCHE, deux volumes gran in-8°, à deux colonnes, avec gravures . . . . 20 »

LE MÊME, sans gravures . . . . 16 »

Schiller. OEuvres dramatiques, traduction de M. DE BARANTE, n grand volume in-8° à deux colonnes, avec gravures . . . . 8 »

LE MÊME, sans gravures . . . . 6 »

Picciola, par SAINTINE, édition illustrée par TONY JOHANNOT et NANTEUIL, un beau volume avec gravures et vignettes sur bois . . . . 9 »

Galerie des Femmes de Walter Scott. Kepsake contenant les portraits des Héroïnes de Walter Scott, gravés sur acier par les premiers artistes anglais, avec texte par ALEX. DUMAS, F. SOULIÉ, JULES JANIN, E. SOUVESTRE, L. REYBAUD, MICHEL MASSON; Mmes ANCELOT, TASTU, DESBORDES VALMORE, VOYARD, BELLOC et COLLET.

Un beau volume in-8°, imprimé avec luxe . . . . 20 »

Paris, imprimerie Dondey-Dupré, rue St-Louis, au Marais, 46.